相続・遺言を巡る法律問題

弁護士が知識と経験で解決した

困難事例

編著
関戸勉　福澤武文　戸田智彦
著
露木肇子　小川典子　一藤剛志　菅原英未

第一法規

はしがき

東京三弁護士会多摩支部研修委員会は、平成17年に相続遺言法研究会を立ち上げました。この研究会では、偶数月に各弁護士が受任した事件で、解決に困難したテーマを取り上げ、報告者がその事例を紹介し、この解決のため参考にした他の判例、審判例など参照しながら事件解決のプロセスを説明し、これにつき他の弁護士が批評等をしながら議論を深めてより良い解決法を見い出していくとの方法をとりました。

そこで、話題になったことは次の２点です。

①相続事件での最良の証人は、亡くなられた被相続人であることから、相続人である当事者が証拠を収集するのが困難である。特に事件が古いほどこれが難しい。

②証拠収集の難しさは、要件事実の組立が難しくなることに繋がる。例えば、自宅に居住している子は建物を明渡して遺言執行者は土地建物を売却するようにとの遺言に対し、子が居住の確保と不動産の相続分を実現するには、遺言無効の訴を提起するが、その請求の原因として、遺言者の遺言時の無能力についての証拠収集には困難が伴う。

研究会で有益であったことは、攻める側（原告、申立人）も守る側（被告、相手方）も、どちらも同じような苦労があることが分かったことです。親の財産を乱用した相続人と他の相続人間の争いの例などで、多くの先生はどちらの立場でも代理人を経験していて、その解決法について示唆を得たことは、要件事実の組立と証拠収集の困難さのほかに、思い込みの激しい人等に対する要件事実の有無、勝てるか勝てないか等の説明に苦労している現実があることです。このような当事者間の紛争では、代理人間での腹を割った話の機会を持つことが解決には有益と考えます。それでも解決できない時は、主張立証を尽くした書面を書くなどして、裁判に勝つしかないと思います。

本書はこのような議論を本にしたものです。

事例は生々しい事実をそのまま取り上げておりますが、掲げた論点と無関係な事実や個人情報にかかるものは捨象しております。

訴訟等、調停等、各当事者がとった攻撃防御法を記載し、その結果も記載しました。論点は今回の相続改正法においても共通する普遍的な問題を取り上げております。遺留分等改正法で変わる処理となる点は触れております。

信託については、近時、司法書士・税理士などが専門家として関与・助言し組成する事例が増えている状況にあります。日本では信託についての実務の集積・法の解釈適用が現在進行中・生成途上という段階であり、信託が柔軟な制度であるが故に、法的知識理解が不十分なままに、また、依頼者及び関係者への説明や配慮が不十分なままに組成されますと、紛争予防のために信託を活用するはずがかえって紛争を招き、紛争を激化させ、委託者の意に反して関係者のうちの特定の者のみを利することにもなりかねません。弁護士などの専門家が、従来の遺言・相続実務の解釈適用や実務運用だけでなく、信託実務にも目を向け、委託者の意向に沿った受益者のための信託実務を集積していかなければ、財産管理・財産承継を適切に進めることはできない状況になっているといえます。信託についての裁判例は少ないのですが、財産管理・財産承継に関して取り組むべき新しい方向性の一つともいえますので、詳細に取り上げました。

取り上げたテーマはいずれも教科書的な文献には挙げられていないケースが多く、実際にあった事実又は起こりがちな事例で、いわゆる要件事実にぴったり当てはまるものでない事例であり、それゆえに解決に困難があったものを取り上げました。

これらのうち、多くの弁護士、税理士、司法書士等、相続・遺言の処理業務に関わる関係者が直面する頻度の高い項目37事例を選び、具体的な事例について、解決の手段としてとった又はとるべき調停、審判、訴訟等の展開及びその最終結果を記述し、最後に問題の客観的位置付けを評論し、また可能な限り参考となる類似の事例の審判、判決例等を挙げました。

本書が多くの人に生起する困難な問題解決のため参考になれたら幸いです。

関戸　勉

凡　例

1．民法の内容現在について

平成 30 年 7 月 13 日に法律 72 号として公布された「民法及び家事事件手続法の一部を改正する法律」に基づき編集した。前記法律改正を「平成 30 年相続法改正」と表記した。

2．判例の書誌事項の表示について

判例には、原則として判例情報データベース「D1-Law.com 判例体系」（https://www. d1-law. com）の検索項目となる判例 ID を〔　〕で記載した。
例：最大決平成 28・12・19 民集 70 巻 8 号 2121 頁〔28244524〕

判例出典略語

民集	大審院民事判例集、最高裁判所民事判例集
裁判集民	最高裁判所裁判集民事
家月	家庭裁判月報
判タ	判例タイムズ
判時	判例時報
金融法務	金融法務事情

目　次

第4章 相続の承認・放棄

第5章 遺　言

第６章 民事信託の活用

第1章

遺産の範囲

―― 事例1 ――

生前に預金から払い戻された使途不明金の返還が認められた事例

Ⅰ　事　例

被相続人は母X、相続人は長男甲、二男乙、長女丙の３名である。

Xは、独居中に認知症と診断されたため特養施設に入所し、施設入所直後に乙との間で財産管理契約（任意後見移行型）を締結した。その後任意後見に移行することなく、Xは８年後に亡くなった。

施設入所前後から相続開始までの約８年間に、X名義の口座から5,300万円以上の預金の払戻しが確認され、施設利用料約2,700万円を差し引いても使途不明金が約2,600万円あることが判明した。

被相続人と財産管理契約を締結していた乙は財産管理を否定。払戻しの一部について関与した事実は認めたものの、それらもXの指示に従ったもので払戻金はXに渡したと主張した。

これに対し、甲及び丙は、Xの認知症の症状は施設入所時点で既に財産管理ができない程度に進んでおり、Xによる財産管理は困難であるとして、使途不明金に対する相続分約866万円の返還をそれぞれ乙に求めた。

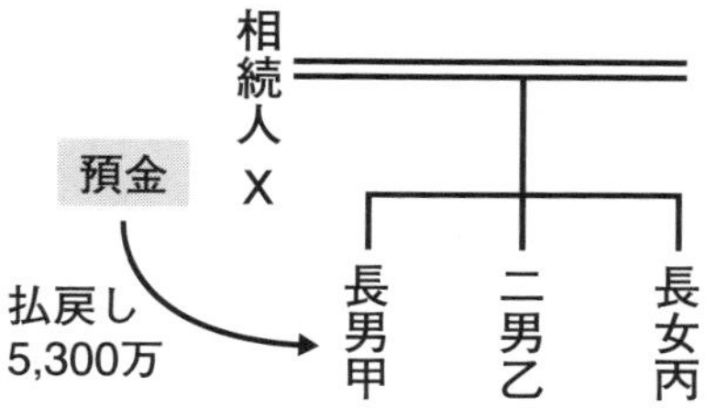

Ⅱ　論　点

1　払戻行為に乙が関与したといえるか

2　払戻しは権限外の行為といえるか

3　乙が払戻金を領得したといえるか（払戻金の使途）

Ⅲ 解 説

(1) 法的構成の問題

相続開始後、被相続人の生前に被相続人名義の口座から多額の使途不明金が払い戻されていることが発覚し、相続人の間で紛争となるケースは少なくない。このようなケースでは相続人どうしの対立が激化することも多く、協議や調停において解決することが難しい場合は、訴訟における解決を求めることになる。

訴訟提起する際にまず問題となるのが、請求権の法的構成である。法的構成としては、不法行為に基づく損害賠償請求、不当利得返還請求、債務不履行に基づく損害賠償請求等の法的構成が考えられるが、多くのケースにおいては、これらの法的構成を単独で採用するのではなく、主位的請求及び予備的請求として主張しているケースが多い。

不法行為構成や不当利得構成、債務不履行構成いずれの構成であっても、被告による払戻金の着服等を根拠にその返還を求めるものであるという点においては、その本質は同じであり、勝訴判決を得るにあたって必要な主張立証の範囲に異なるところはないように思われる。

いずれの法的構成を採るかによって違いが出てくるのは、主に遅延損害金の起算点にある。不法行為構成では起算点は不法行為時、不当利得構成や債務不履行構成では請求時になるため、遺産分割協議や調停が先行し、訴訟提起までに時間を要した場合は不法行為構成を主位的請求とすることで、起算点を不当利得構成や債務不履行構成よりも前倒しさせることができる。

本件でも不法行為構成を主位的請求にすることにより、起算点を相続開始時に設定し、認められた。

(2) 求められる立証の程度

使途不明金をめぐる訴訟における被告側の主張は、おおむね以下の類型に分けられる。

Ⅰ　払戻しへの関与を否定するケース

Ⅱ　払戻しは認めているが、本人に渡したと主張するケース

Ⅲ　払戻金の管理は認めるが、本人のために使ったと主張するケース

Ⅳ　払戻金の贈与を受けたと主張するケース

この他にあり得る主張としては、預金の帰属そのものを争うケースも考えられるが、今回は割愛する。このような主張がなされた場合に、原告としてはどの程度の立証をする必要があり、どのような資料を収集すべきか。

①払戻しへの関与を否定するケース（Ⅰ）

被告が払戻しに関与したかが争われている場合、原告側としては、払戻行為に被告が関与していた間接事実を積み上げなければならない。

払戻行為にあたっては、キャッシュカードや銀行印を所持していることが前提となるから、払戻行為以前のキャッシュカードや銀行印の管理状況や使用状況を立証する必要がある。払戻行為前に被告との間で財産管理契約が締結されていた場合は、当該契約書が払戻行為時にも被告がキャッシュカードや銀行印を管理していたことを推認させる重要な証拠となる。

一方、そのような契約の事実が無かったとしても、介護認定資料や医療記録に財産管理に関する記載がなされている場合は、その時点から財産管理があったことを認定するケースもあり（東京地判平成 29・9・28 平成 27 年（ワ）17284 号公刊物未登載〔29031733〕）、丹念に記録をたどることが必要である。

また、払戻行為が窓口で行われていた場合は、提出された払戻請求書に書かれた筆跡や代理人欄の記載、金融機関側が記入した本人確認についての記載を確認することにより、実際に払戻手続を行ったのが誰かを立証することが可能である。一方、ＡＴＭでの払戻しの場合は、取引履歴から判明する払戻行為があったＡＴＭの場所、日時が被相続人において払戻をすることが物理的に不可能であることを主張していくことになるが、取引履歴から払戻手続が行われた同日時同時刻に被告が同じ支店において被告名義の口座に入金していたといった事実から被告が払戻行為に関与していたと認定したケース（名古屋高判平成 26・5・9 平成 25 年（ワ）736 号公刊物未登載）がある。

なお、当該金融機関以外の提携ＡＴＭにおいて出金されている場合、取

引履歴を調査するだけでは払戻行為がなされたＡＴＭの場所が判明しないことがあるが、そのような場合であっても金融機関側がどの提携ＡＴＭから払い戻されたかの情報を把握していることがあり、照会する価値はあると思われる。

②払戻金は被相続人に渡したとするケース（Ⅱ）

払戻行為への関与は認めても、払戻金は本人に渡したと反論される場合がある。このような場合、どのような主張立証が必要となるか。

被告側の反論は、その都度被相続人に指示されて払戻行為を行ったということが前提となっている場合が多い。そのような場合であれば、払戻しの指示をした際の被相続人の認知能力の状態が全く財産管理をできないものであれば、被相続人から指示され、交付したとする被告の主張そのものが不自然であるため、医療記録や介護記録等で被相続人の認知能力の状態を立証する必要がある。

また、被相続人が施設に入所している場合、当該施設においては居室内で金銭を保管・管理することが禁止されていることが多い。そのため、当該施設の利用規則を調査し、証拠として提出することが必要である。また、同時に、施設によっては、少額の現金については預託契約を締結していることもあるため、介護施設から預託契約の書類の開示を受け、誰が当該書類を作成したか調査することも重要である。

仮に、被相続人に払戻金が交付されたのだとすると、現金として保管していた可能性、別の口座に預け替えた可能性、第三者に贈与した可能性等が考えられる。そのため、これらの可能性を潰す必要もある。

遺産分割調停が先行している場合などは、遺産の範囲について中間調書が作成されている場合があるため、調書に記載されている遺産に現金が含まれていなければ、払戻行為と相続開始時の時間的乖離にもよるが、被相続人が手元に現金を保管していなかったという推認が可能となる。

預け替えの可能性については、相続開始前に解約された口座も含め、その時点で判明している被相続人名義の全ての口座の取引履歴を提出することで、預け替えの事実が無かったことを証明できる。

第三者に贈与した可能性については、被相続人の状態が当時意思能力を喪失していたとして否定されるケース（東京地判平成16・12・24平成14年（ワ）1135号公刊物未登載〔28282385〕）があり、第三者への贈与を否定するには、やはり当時の被相続人が意思無能力であったことを立証する必要があろう。

③払戻金の管理は認めるが､被相続人のために使ったとするケース（Ⅲ）

扱戻金の管理は認めつつも被相続人のために使ったとの反論があった場合、払戻しにあたって被相続人の個別の指示があった前提であれば、前記（2）のとおり、被相続人の認知能力の状態を立証する必要がある。

一方、財産管理契約の締結や日常家事代理権といった包括的な払戻権限があったことを前提とする場合は、被相続人から個々の払戻行為について承諾を得ていなかったとしても直ちに払戻行為が違法となる訳ではない。

しかし、包括的な払戻権限は、あくまで被相続人の利益のために必要な範囲で財産を処分する権限であり、自己の利益のために払戻行為を行い、費消したといえる場合は、払戻権限を逸脱した行為として不法行為に該当することになる。そして、必要な範囲を逸脱した払戻しといえるかどうかは、払戻しが行われた期間、払戻行為の態様・額、当時の被相続人の生活費の額、払戻金の使途（被告側の説明の合理性や当時被相続人に高額な払戻金を必要とする事情があったか）等により判断されることになる。

少額の払戻しが続く場合は、その都度被相続人の生活費に使われたと推認される可能性が高い一方、後記④のような贈与目的の払戻しとしては不自然とみられる場合がある（名古屋高判平成24・6・22平成24年（ネ）178号公刊物未登載〔28283118〕）。他方、連日ＡＴＭで50万円ずつ払い戻されるような短期間に多額の払戻しがあった場合は権限を逸脱した払戻しと推認される方に大きく傾く。

払戻金の額と被相続人の生活費の関係も重要である。被相続人らの介護費用を含め日常生活に係る一切の必要費については、年金収入月７万円、預貯金約3,500万円の被相続人について同居家族に渡す生活費として10万円、本人の小遣いとして10万円の払戻しを認めたケース（東京地判平成29・10・6平成27年（ワ）35412号公刊物未登載〔29037665〕）、総務省統計局の家計調査報告の数値を参考に二人世帯で25万円、一人世帯で15万円と認定したケース（東京地判平成29・４・14平成25年（ワ）11325号公刊物未登載〔29047052〕）、１か月に50万円程度の生活費を分不相応であり得ない散財状況とも言い難いとしたケース（名古屋地判平成24・１・30平成22年（ワ）7052号公刊物未登載〔28282386〕）がある。

払戻金の使途に関しては、被相続人のために使ったと主張する被告側から使途に関する資料を出してもらい、原告側で認否を行うという手順となることが多いが、資料が膨大になることが多いことから、一つ一つの資料について検証することはせず、被相続人のために使われた費用が当時の被相続人の収入、生活状況等に照らして不自然に高額でないかというチェックをするだけにとどまることが多いようである。一方で、領収書に記載された買い物内容から被相続人に必要な費用であったかを検討したケース（名古屋地判平成26・３・13平成23年（ワ）71号公刊物未登載）もあった。

④払戻金の贈与を受けたとするケース（Ⅳ）

払戻金は、被相続人から贈与されたとの反論がある場合、どのような主張立証が必要か。

被告が贈与を受けたと主張する場合、被告は、贈与を受けた状況、贈与の理由等を具体的に説明する必要があり、被告から具体的な説明がなされない場合は贈与の存在自体を認定しないケースが多い。

贈与については、被相続人が従前非課税限度額の範囲で毎年孫らに贈与を行っていたという事情があっても、それだけで贈与の継続を指示したと認めることはできず、具体的な指示なしに継続することが当然許されることにならないとするケース（名古屋地判平成24・１・13平成22年（ワ）4670号公刊物未登載〔28282384〕）、一括して出金することが可能であるのに頻繁にＡＴＭから引出しを行っていることは贈与目的の出金として不自然であること等から贈与を否定したケース（名古屋高判平成24・６・22平成24年（ネ）178号公刊物未登載〔28283118〕）等があり、被相続人の意思能力の状態、贈与契約書等の書類の有無、贈与の理由を被告が具体的に説明できるか等により、贈与があったかどうかの判断がなされているようである。

また、遺産分割協議や調停が先行しており、そこで被告が生前贈与を受けていたことを否定し、被告への生前贈与が無かったことを前提に協議や調停が成立していたにもかかわらず、被告が贈与の主張をした場合、信義則に反するものとして当該主張をすることを許さないことが相当であるとの意見がある（齋藤清文ほか「被相続人の生前に引き出された預貯金等をめぐる訴訟について」判例タイムズ1414号（2015年）81頁）。

(3) 本件の経緯

本件では、当初、先行していた遺産分割調停において被告に対して使途不明金の返還を求めたものの、被告が払戻行為への関与を全面的に否定したため、訴訟提起に至った。法的構成の採否にあたっては、遅延損害金の起算点を前倒しにするため、主位的請求を不法行為に基づく損害賠償請求としたが、相続開始時から時間が経過していたことから、被告側から時効援用される可能性も想定し、予備的請求として不当利得返還請求を立てることとした。

訴訟段階で被告側は一部の払戻行為への関与は認めたものの、その他への関与は否認し（Ⅰ）、関与を認めた払戻しについても払戻金は全て被相続人に渡した（Ⅱ）と主張した。

そのため、Ⅰについては、受任者である被告に対して銀行印やキャッシュカード類を引き渡す旨の条項がある被相続人の財産管理契約書や払戻行為が被告宅近くの支店で行われていることがわかる取引履歴を提出し、財産管理契約後は被告が被相続人の銀行印やキャッシュカードを管理していたことを立証し、財産管理契約前の払戻金については、一部の払戻手続が窓口で行われていたことから、その際に提出された払戻請求書、筆跡比較対象資料として被告が作成した介護施設入所申込書、払戻行為が被告宅近くの支店で行われていたことがわかる取引履歴や提携ＡＴＭについての照会回答書を提出し、払戻行為の全てについて被告が関与していたと立証した。

Ⅱについては、被相続人に金銭管理能力が無かったことの立証として、被相続人の要介護度認定に関する資料（施設入所時は要介護１であったが、半年後には要介護４、その半年後には要介護５となっている。）、被相続人が施設に入所した際の「金銭管理が難しい」と記載された引継書、施設入所当初より被相続人との会話が成立しない旨記載された医療記録、入所時に既に会話が成立しなかったとする介護施設職員からの聴取報告書、被告が作成した少額現金管理を施設側に委ねる預託申請書を提出した上、被相続人が手元で現金を保管していた可能性を潰す証拠として、個室での現金保管を禁ずる施設の利用規則、遺産に現金は無い旨の遺産分割調停の中間調書を、預け替えの可能性を潰す証拠として被相続人名義の全ての口座の取引履歴をそれぞれ提出した。

また、被告の行為が権限を逸脱した払戻行為であったという点については、被相続人名義の全ての口座の取引履歴を提出し、使途不明金が2,600万円に及ぶこと、1か月間に15回にわたって1,400万円を払い戻していた時期があること等を主張した。

第一審、第二審共に原告勝訴前提での和解勧試がなされたが、被告側が固辞、判決に至った。

第一審判決では、全ての払戻行為への被告の関与が認定された一方、払戻金は全て被相続人に渡していたとする被告の主張は退けられた。損害額については、被告が管理を始めた当初から被相続人が死去するまでの全期間中の払戻金総額5,300万円から被相続人の施設入所費用等2,700万円及び被告側から領収書の提出があった被相続人にかかる費用分200万円を控除した残額2,400万円が損害額と認定された。なお、被告側が提出した領収書の中には、高齢で寝たきりの被相続人のために男性用ボタンダウンシャツを購入したレシートが混在していたが、金額がさほど大きな金額ではなく、仮に被告やその家族が使用する費用が混在していたとしても相当の範囲内として、その購入費用も含めて、被相続人にかかる費用と認定された。

しかし、第一審は、法的行為について、各払戻行為は財産管理契約上の権限を有した適法なものであり、領得行為もいつどんな目的で領得したか特定できておらず、不法行為が成立しないとして、主位的請求の不法行為に基づく損害賠償請求構成は採用せず、予備的請求の不当利得返還請求構成を採用した。その結果、原告が主張した弁護士費用、遅延損害金については否定された。

これに対して、被告が控訴し、原告からも法的構成の採否について附帯控訴した。

控訴審は、被告側の控訴は棄却、原告からの附帯控訴については、領得行為が具体的に特定できていなかったとしても、被相続人について支出したと認められない以上、不法行為が成立するとして、主位的請求の不法行為構成を採用し、相続開始時を起算日とする遅延損害金約200万円が追加で認定された。齋藤清文ほか「被相続人の生前に引き出された預貯金等をめぐる訴訟について」判例タイムズ1414号（2015年）74頁参照。

（菅原英未）

―― 事例2 ――

被相続人の預金の払戻金の返還請求権の法的性質―遺産としての現金の返金請求権が時効により否定された裁判例―

I　事　例

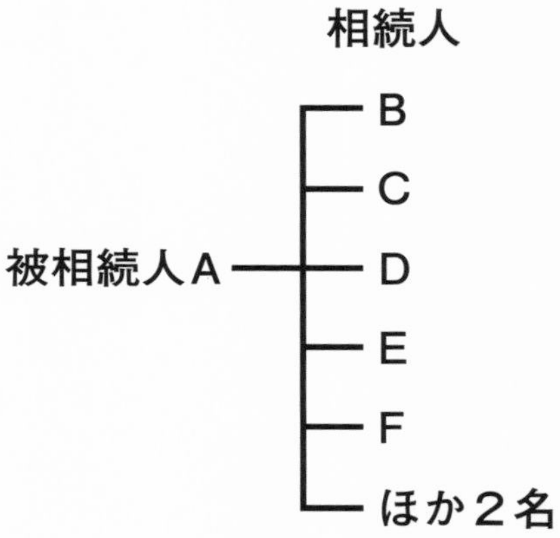

被相続人Aは平成11年12月死亡し、相続人は子であるB、C、D、E、Fほか２名の計７名である。昭和30年代Fは甲土地を買受け、A名義とした。Aは、A名義の甲土地を平成元年頃売却し、その代金の一部3,000万円を預金した。B、CはAの死亡の日より約３年前にAの預金通帳と印鑑を預かってこれを保管し、死亡直前に、預金のほぼ全額を払い戻して、Bの貸金庫に保管した。

Aの死亡後に、B、CはD、Eに呼びかけて集まり、現金3,000万円をB、C、D、E間で分けた。これより10年後にFはDより預金を分けたとの話を聞き、S弁護士に相談をした。弁護士はD、Eらより聞き取りをし、「A死亡直後にB、C、D、Eが集まって、D、EはB、Cから約300万円ないし500万円の交付を受けたこと、全員で3,000万円が分配されたこと」を聞いた。

そこで、ＦはＢ、Ｃを被告として、3,000万円の保管金の返還請求の訴えを千葉地方裁判所に提起した。

請求の原因として、「原告所有の土地の代金である3,000万円を法律上原因なく保管している。」として、不当利得に基づき保管金の返還請求をした。

訴え提起前のＦにとっては、Ａの預金が生前に払い戻されたか、それとも死後に払い戻されたのか不明であった。

訴え提起後に、予備的に「Ｂ、Ｃは3,000万円を隠匿、横領したことにより遺産分割の機会を妨げられた」として、預託金返還請求権に係る債務不履行又は不法行為に基づき、法定相続分及び寄与分相当額の損害賠償の請求をした。

Ⅱ　論　点

1　被相続人の預金が隠匿されたときの捜索法

2　被相続人の預金を相続人の１人が生前に払い戻してこれを保管しているとき、他の相続人のこれの返還請求の根拠は、委任事務に基づく預託金返還請求か不当利得返還の請求、損害賠償の請求か

Ⅲ　解　説

(1)訴訟の展開

Ｂ、Ｃは当初、不動産の売却にも預金払戻しにも関わっていないとして、3,000万円を保管していないと否認していたが、この審理途中で、原告ＦがＥより面談で詳細な次の趣旨の陳述書を取り、これを提出したところ、「Ｃは、Ａが死亡した１か月前頃、預金の払戻しを受けて、これを貸金庫に保管したこと、これをＡ死亡直後に分配したこと」を認めた。そこで、争点は、①不動産は原告の所有か、②Ｂ、Ｃは預金を預かったか、預金の払戻しにつきＡの委任の意思があったか否かとなった。

第一審判決は千葉地判平成28・6・10平成26年（ワ）382号公刊物未登載〔28282488〕、原告は土地をＡに贈与したものであること、Ｂ、Ｃが委任を受けて金銭を預かった事実がない、すなわち金銭寄託契約は成立し

ていないとして、請求棄却の判決をした。Ｆは予備的請求につき控訴して、Ｂ、Ｃらが預かった3,000万円について、不法行為に基づく損害賠償請求及びＡとの財産管理契約に基づく預託金返還請求権ないし不当利得返還請求権として、法定相続分７分の１の金員計1,842万円を請求した。

東京高判平成28・11・30平成28年（ネ）3646号公刊物未登載〔28282490〕、Ｂ、ＣはＡより銀行預金の管理を委ねられたことを認めて、控訴人に対し、財産返還義務のあることを認めたが、被告が主張した預託金返還請求権のＡの死亡から10年経過による時効消滅をしたことを認め、結局Ｆは敗訴の判決を受けた。

(2)解　説

（イ）一部の相続人により遺産である銀行預金が隠匿された場合、他の相続人がこれを発見するのは難しい。（ロ）相続開始時に被相続人の預金があったことが判明した場合でも、これが既に引き出され、消費されているときは、これの返還請求がまた難しい。（イ）については、心当たりの銀行に預金残高の照会をするほかないが、預金が解約されていて、10年以上経過しているときは、銀行の取引履歴が無くなっている場合が多い。銀行に預金が残っている場合には通常の遺産分割の請求ができる。

〔参考判例〕

①最一小判平成21・１・22民集63巻１号228頁〔28150202〕

共同相続人の一人は、被相続人の預金についてその取引経過の開示を求める権利を単独で行使できる旨判示した。

（ロ）の場合、現金が目に見える形で残存しているときは、通常の遺産分割が可能であるが、そうでないときは、預金引出しをした相続人相手に被相続人から生前委任を受けて預金を引き出し、保管している場合は、保管金返還請求の訴えを、生前又は死後に無断で引き出し保管している場合は不当利得返還請求又は損害賠償請求をするほかないと考える。

（関戸勉）

—— 事例3 ——

被相続人から相続人の一人に対する不動産の代物弁済の有効性が争われた事例

Ⅰ　事　例

被相続人甲が亡くなり、相続人は後妻Ａ及び長男Ｂの２名である。しかし、ＡとＢとの関係は悪く、甲もＡと婚姻してからＢと疎遠となっていた。甲は生前１億の価値のある土地を所有していたが、亡くなる１年前にこの不動産はＡに対し代物弁済を原因として所有権移転登記がなされていた。また、この代物弁済については、公正証書で代物弁済契約書が作成されていた。Ｂは甲の遺産の分割をＢに求めたが、Ａは遺産など存在しないとして協議に応じない。しかし、Ｂは前記代物弁済には実体はなく、本件土地が甲の遺産であると主張して遺産分割を請求した。

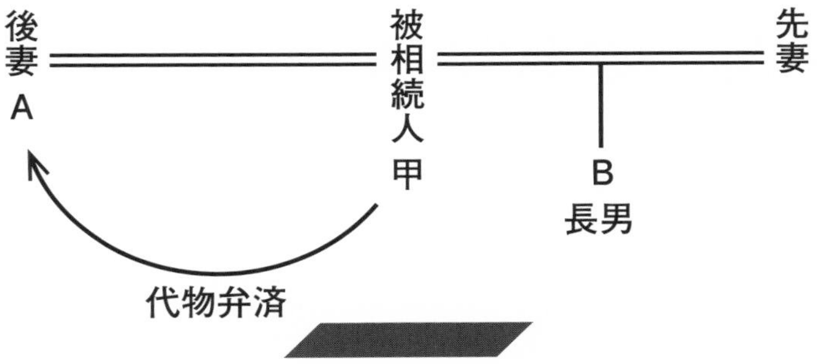

Ⅱ　論　点

1　代物弁済契約の有効性

2　不相当な対価での処分と遺留分減殺請求

Ⅲ　解　説

1　代物弁済が遺留分を免れるための手段として利用されたのではないかと疑われるケースは少なくない。

仮に、贈与を原因として移転登記がなされた場合には、遺留分減殺請求の対象となるが、適性価額による代物弁済であれば遺留分減殺の対象にもならないため、財産を特定の相続人に承継させ、しかも他の相続人による遺留分の主張を封じるために代物弁済契約が利用されるのである。

なお、遺留分の主張を封じるために売買を原因とする移転登記が仮装されるケースもあるが、その場合には移転登記を受けた相続人は売買代金の支払を立証する必要がある。代物弁済の場合には、その立証が必要ない点でもメリットがある。

2　代物弁済の要件は、①債務の存在、②本来の給付と異なる給付が現実になされること、③弁済に代えてなされること、④代物弁済の合意の４つである。本件のような事案で特に問題となるのは、①債務の存在である。実際には代物弁済の前提となる債務など存在しないにもかかわらず、代物弁済名目で所有権が移転されたのではないかが争われるのである。

本事案においても、Ａは甲に対して長年の間事業資金を援助し、その総額が約１億円に上ると主張した。事実、甲Ａ間の代物弁済契約書にもその旨が記載されていた。しかし、Ｂは、甲がＡから援助を受けた事実はなく代物弁済は無効であると主張した。

ＡもＢも主張を譲らず、Ｂは、Ａに対して本件土地につき遺産確認の訴えを提起した。本件土地が遺産であることは、遺産分割の前提問題であるため、遺産分割調停・審判では解決することができず、民事裁判で確定する必要があるからである。

3　訴訟において、Ｂは、本件土地が甲の遺産であることの確認を求めるとともに、予備的に、本件不動産につき遺留分に基づく共有持分の移転登記を請求した。

旧民法1039条には、不相当な対価をもってした有償行為は、当事者双方が遺留分権利者に損害を与えることを知っていた場合には贈与とみなす旨が規定されていた。仮に、代物弁済が無効とまではいえない場合でも、債務額が不動産の価額に対して過小な場合には、遺留分を侵害する限りで代物弁済を無効とすることができるからである。

なお、現行法下では遺留分減殺請求ではなく遺留分侵害額請求となるが、不相当対価による有償行為は負担付贈与として扱われ（民法1045条２項）、贈与額より負担分を控除した金額が遺留分侵害額算定の基礎に参入されることになる。

4　Ｂは、本訴訟手続においても、本件代物弁済の元となる債務は存在しないとして、代物弁済契約の無効を主張した。これに対し、Ａは、債務の存在は代物弁済契約に明記されており、債務の存在は明らかであると主張した。

確かに、契約当事者間で代物弁済の有効性が争われるケースであれば、代物弁済契約書上に債務が記載されていれば、債務の存在については立証がなされたものと考えるのが一般である。

しかし、本件のように親族間の代物弁済が、他の相続人の相続分や遺留分を侵害している可能性があるとしてその有効性が争われる場合には、契約当事者間の通謀が疑われるのであり、債務者が書面で債務の存在を自認したからといって、直ちに債務の存在を認めるべきではない。Ｂは、公正証書の記載により安易に債務の存在を認めれば、代物弁済を利用した遺留分潜脱を助長する危険性があると主張した。

5　本件の訴訟では、裁判所も前記Ｂの主張を尊重し、Ａに対して公正証書以外に債務を根拠づける証拠の提出を求めた。その結果、Ａから甲名義及びＡ名義の預金通帳が書証として提出され、通帳の履歴からＡから甲へのお金の流れが一部明らかにされたものの、Ａの主張する債務の多くは、長年にわたる事業のための貸付けという曖昧なもので、確たる証拠がないことが明らかとなった。

6　もっとも、立証される可能性のある債務も一部存在し、一方で不動産の評価についても当事者間で大きな隔たりがあったため、代物弁済が無効であるとまで言えるかは不確かな事案であった。そのため、裁判所からの和解勧告により、おおむね本件不動産の評価に対し遺留分割合による解決金をＡからＢに支払う内容で和解が成立した。

（福澤武文）

―― 事例4 ――

いわゆる名義預金の遺産性が争われた事例

Ⅰ　事　例

被相続人Ｘが死去し、その相続人として長男Ａ及び二男Ｂである。Ｘの遺産としては自宅土地建物およびＸ名義の預金5,000万円があったほか、ＡＢが幼少の頃からＡ名義の定期預金1,000万円（Ａ預金）、Ｂ名義の定期預金800万円（Ｂ預金）を積み立てており、その預金通帳と印鑑はＸが保管していた。ところが、老齢となったＸの預金を管理していたＡは、Ａ預金の通帳及び印鑑を自宅に持ち帰り、一部を払い戻して生活費として費消していた。Ｘの遺産分割手続において、Ａは、Ａ預金は自らの固有資産であると主張する一方で、Ｂ預金はいわゆる名義預金でＸの遺産であると主張した。

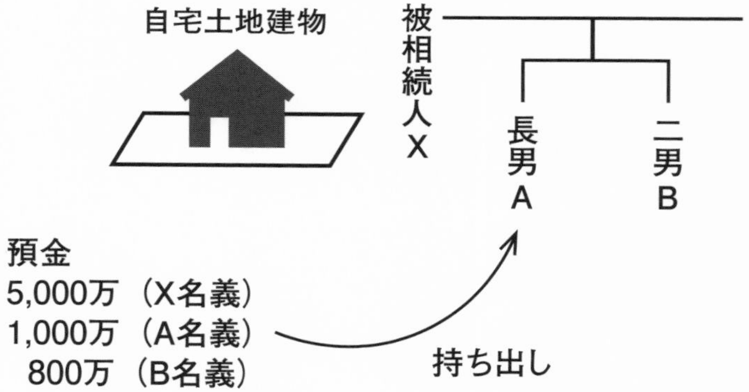

Ⅱ　論　点

1　Ｂ預金の遺産性

2　Ａ預金の遺産性

3　Ａ預金の生前贈与の成否

Ⅲ　解　説

1　親が子供の将来のために、子供名義で預金を開設し、こつこつと預金を積み立てる。このようなことは一般的に行われていることである。このように、預金の原資となる金銭を出捐した者が第三者名義でした預金のことを名義預金という。

被相続人が子や孫などの名義で預け入れた預金について争われる場面は主に二つある。一つは、相続税の課税である。すなわち、預金名義は子や孫であっても実質的には被相続人の名義預金であるとして相続財産として課税がされるかが争われる。

もう一つが遺産分割の場面である。名義人以外の相続人は名義預金を被相続人の遺産であると主張する。一方で、名義預金の名義人である相続人は、これを相続財産ではなく、自らが預金者であるとか、被相続人から預金の生前贈与を受けたなどと主張し、名義預金が遺産分割等の手続において争点となるのである。

2　そもそも預金者を定める基準については争いがあり、預金の原資を出捐した者を預金者とする客観説と、預入行為をした者を預金者とする主観説、そして客観説を基本としながら、預金行為者が自ら預金者であると明示黙示に表示した場合には名義人を預金者とする折衷説がある。

この点、無記名定期預金については最一小判昭和32・12・19民集11巻13号2278頁〔27002734〕及び最三小判昭和48・3・27民集27巻2号376頁〔27000502〕が、また記名式定期預金については最二小判昭和52・8・9民集31巻4号742頁〔27000276〕が、何れも預金原資の出捐者を預金者とする、いわゆる客観説を採用した。

しかし、普通預金について、最二小判平成15・2・21民集57巻2号95頁〔28080666〕は、損害保険料を徴収するため保険代理店が開設した「○○保険会社代理店○○」名義の普通預金口座の預金者が保険会社かそれとも代理店かが争われた事件につき、保険会社と代理店との間に預金口座開設についての代理権の授権がないこと、通帳及び届出印を代理店が保管していたこと、預金への入出金の事務を代理店が行っていたことを理由に、預金者は代理店であると判示した。この最高裁判決は、預金の管理に重点を置く判断手法から、客観説とは一線を画するものと考えられている。

3　名義預金の遺産性について争われる事例は少なくなく、前述の主観説・客観説の対立の流れを受け、裁判例では、①預金の原資を出捐したのは誰か、②預金を管理運用していたのは誰か、③名義人と被相続人との関係、④名義預金が開設された経緯等を総合考慮して判断されることが多い。これは、遺産分割で争いとなる場合も、相続税課税が争われる場合も同様である。

なお、名義預金であることの立証責任については、預金の名義人がイコール預金者であるという事実上の推定が働くため、名義預金であることを主張する側がその主張立証責任を負うものと考えられる。

前記①～④の判断要素うち、もっとも重要なのは①である。特に前述の客観説を前提とすれば、名義預金についても、預金原資を出損した者を預金者とする判断に傾く。被相続人による出捐が立証できない場合には、名義預金であると主張するのは困難となる。逆に、被相続人が出捐者であることが立証された場合には、名義預金が認定されやすくなる。

原資の出捐について立証するために、通帳の入出金履歴などを証拠として提出し、名義人に預金する資力があったか等の事情を主張立証することになる。

なお、原資を被相続人から贈与されたと主張される事例も少なくないが、その場合、贈与契約書の存在、贈与の動機、贈与税の申告をしたか否かという点が重要な判断要素となる。

②については、通帳に使われた印鑑が誰の印鑑か、預金通帳や印鑑を保管していたのが誰か、入出金をしたのが誰かについて主張立証することになる。いずれも、被相続人ということであれば、名義預金と認定される可能性は高くなる。

③については、被相続人の妻名義とされた預金につき、原資の出捐者が被相続人であることに争いはないものの、預金通帳の管理や資金の運用については妻が行っていた証券口座につき、夫が自らの財産を自己の扶養する妻名義の預金等の形態で保有するのも珍しいことではなく、また夫婦間で妻が夫の財産を管理の運用することは不自然ではないとして、被相続人の預金と認定された事例もある（東京地判平成 20・10・17 税務訴訟資料

258号順号11053〔28173617〕)。

〔参考判例〕

東京地判平成20・10・17税務訴訟資料258号順号11053〔28173617〕

「被相続人以外の者の名義である財産が相続開始時において被相続人に帰属するものであったか否かは、当該財産又はその購入原資の出捐者、当該財産の管理及び運用の状況、当該財産から生ずる利益の帰属者、被相続人と当該財産の名義人並びに当該財産の管理及び運用をする者との関係、当該財産の名義人がその名義を有することになった経緯等を総合考慮して判断するのが相当である。」

4　名義預金が争われた場合、遺産分割の審判手続では確定的な解決が出来ないため民事訴訟を提起することになる。この点、従前、預金債権は遺産分割手続を経ずに当然分割されるものとされていたため、名義預金についての遺産確認の訴えは訴えの利益がないと考えられた。しかし、最大決平成28・12・19民集70巻8号2121頁〔28244524〕により預金債権も遺産分割の対象とされることになったため、名義預金についての遺産確認の訴えについても、確認の利益を認められるであろう。

5　本事例において、B本人は、元々、B預金は自らの名義の預金であるからXの遺産ではないと強く主張していた。しかし、本事例においては、A預金B預金の何れもXが原資を出捐したこと、少なくとも当初は預金通帳も印鑑もXが管理していたことにほぼ争いはなく、もとの預金者がXであることについては争うのは困難であった。

そのため、Bは代理人弁護士の説得により、A預金B預金ともに当初はXの預金であったことを前提に、A預金がAの預金である又は、Aに生前贈与されたというAの主張を否認する方向に方針を転換した。

問題は、A預金がAに生前贈与されたというAの主張の当否であるが、AはXの財産を管理したことや、老後の介護を担ったことに対する謝礼として通帳と印鑑を受け取ったと主張したが、これに対しBは、兄弟それぞれに名義預金があるにもかかわらず、A預金についてのみ生前贈与を認定するのは不当であると主張した。両者妥協した結果、A預金の金額から

AがXの介護のために使用したと主張する額の一部を控除した金額を遺産に組み入れる内容で調停が成立した。

（福澤武文）

名義不動産―相続財産である不動産が子の所有名義としていたものを被相続人の名義に回復した事例―

Ⅰ 事 例

(1)事案の概要

昭和22年頃、財産税があり、これを軽減するため被相続人Aは当時所有していた都内の本件土地を当時20代であった四男Bに贈与を原因として所有権移転登記をした。Aは土地を4区画に区分しC、D、E、Fに各自に建物を建てさせるなどして、土地を各居住用や貸家用等に使用させていた。Aは昭和36年死亡した。これを、相続人B、C、D、E、FはAの財産であることは認識していたが、Aの名義回復をする方法が思いつかず、従前のB名義形態を継続していた。しかし、昭和40年Aの妻の提案により実質遺産分割をする趣旨で、C、D、E、F各4分の1の持分につき売却予約の仮登記をした。これはDが依頼をした弁護士の助言によるものであったが、売買の履行はしないままとなっていた。

平成2年、名義人のBが土地の一部を第三者に売却するとの動きがC、D、E、Fにも知られ、C、DはBに対し売却を阻止するため売買予約の仮登記は贈与であることを主張して、所有権確認等請求事件の訴えを提起した。B、C、D、E、F間で十数回の口頭弁論期日が重ねられ、原被告らの本人尋問がなされたところ、数人から「Aの生前に、財産税軽減のため、虚偽表示としてBに所有名義を移転した」旨述べられた。これを契機として、本件土地はAの遺産であるので、A名義に登記名義を戻すこと、B、C、D、E、F間で遺産分割をするとの和解が成立した。

B名義の土地

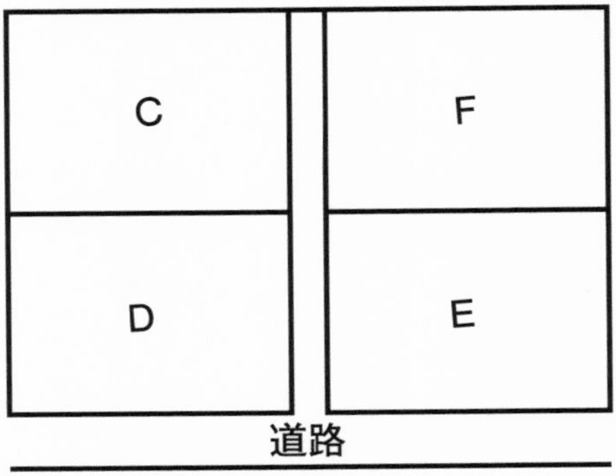

Ⅱ　論　点

1　虚偽表示により他人名義となっている被相続人の財産の名義回復法

2　名義回復の際の課税関係の注意

Ⅲ　解　説

(1)訴訟の経過

十数回の口頭弁論期日を重ね、Ｂ、Ｃ、Ｄ、Ｅ、Ｆ各本人尋問をした段階で、和解が成立した。その結果、ＢはＡ名義に戻すことを承諾、Ｂ、Ｃ、Ｄ、Ｅ、Ｆ間で土地をＢ、Ｃ、Ｄ、Ｅ、Ｆの現況使用状態に合わせた遺産分割をすることを合意した。そして家事調停審判を経て土地を分割した。このＡに名義を戻すとの和解に至るまで、売買予約に基づく売買をするか等様々な意見が出たが、Ｆ代理人のＫ弁護士（訴訟の途中から代理人に就任した）が「皆さんの認識が、本件土地はＡの財産で、登記が虚偽表示なら、Ａの所有名義に戻すことが本筋だ」と明言したことから、Ａ名義に戻すことで一致するに至った。

しかし、最後に昭和22年から平成6年までＢ名義であったこと、Ｂが公租公課を支払っていたことから、Ａへの名義回復が税務署からいわゆるなれあい訴訟といわれ贈与税が課せられないかが問題となり、所轄の税務署に代理人を通じて問い合わせをした。その結果税務署からは「昭和36年にＡの死亡によりこのとき相続税として処理されるものである」（相続税の課税は時効により消滅）との回答を受け、前記のとおりの和解を成立させた。

(2)虚偽表示の登録であることの証明

本件では、名義人の子は真実親から贈与を受けたと主張していたが、「土地がもと被相続人の財産であったこと、それが財産税を軽減するため四男に名義移転をした」との事実を年長の子が親から聞いていてこれを主張証明したことで、名義回復が実現されている。昭和22年の贈与の登記が虚偽表示であったとの古いことを知っている当事者が生存していてこの旨証言できるかどうかが裁判の行方を左右する事例であった。

虚偽表示の登記でも、長期にわたってこれが継続されるとこれが国からも真実と主張されかねないことがある。相続人の当事者間で主張立証を尽くして、真相を究める必要があると思われる。K弁護士の豊かな経験に基づく発言で妥当な和解が成立するに至ったと評価できる。

（関戸勉）

―― 事例6 ――

被相続人名義の遺産につき相続人が自分の財産だと主張した事例

Ⅰ　事　例

被相続人Ｘの相続人は長女Ａ二女Ｂ長男Ｃの３人だった。

判明しているＸの遺産はＸ名義の甲土地のみで、甲土地上には、Ｘの生前にＣ名義の二世帯住宅が建てられていた。

ABが遺産分割を求めたところ、Ｃは、甲地はＸから長男が跡を継げと言われて自分が贈与されたものだから分ける遺産はないと主張した。

Ⅱ　論　点

1　遺産の確認

Ⅲ　解　説

(1)遺産確認訴訟

当初長女二女が申立人となって、長男を相手方として遺産分割調停を申し立てたが、被相続人名義の土地について長男が跡を継ぐようにと言われて贈与されたと主張をしたため遺産の範囲について相続人間で合意ができなかった。遺産分割審判において遺産の範囲を確定しても当該判断に既判力は生じない（最大決昭和41・３・２民集20巻３号360頁〔27001221〕）ため、調停の取下げを促され、長女二女を原告に長男に対して遺産確認訴訟を提起した。なお、遺産確認訴訟は、固有必要的共同訴訟とするのが最高裁判例（最三小判平成元・３・28民集43巻３号167頁〔27804188〕）である。

長男側は、生前贈与、死因贈与、時効取得を主張したが、生前贈与について具体的な主張が変遷し、裁判途中で生前贈与の抗弁を取り下げ、①死因贈与の有無と②時効取得の成否が争点となった。

ア　①死因贈与の有無

判決では、被相続人が、長男に本件土地上に建物を建てて同居し家を継ぐように求めたことが死因贈与であるとの主張について、長男が被相続人から遺贈の申込を受けた客観的な証拠がないとして死因贈与を否定した。

イ　時効の成否

時効については、長男が、所有の意思による善意無過失の10年の時効を主張したのに対し、相続開始後も土地の登記が被相続人名義のままであったこと、納税名義人が、被相続人名義のままであったこと、相続開始後数年後に行われた土地の境界確認の際に長女二女も長男とともに所有者として署名捺印したことから土地について自己の所有であると信じていたとは考えられないとした。

また、被相続人が存命中に被相続人の了解のもとに長男が本件土地上に長男名義の建物を建てたことに対して長女らが長年何等の請求をしなかったことが長男の無過失を基礎づける事実とはならないとした。

結局判決は、死因贈与も取得時効も抗弁が認められないとして土地を被相続人の遺産と認めた。（東京地判平成28・12・21平成27年（ワ）30816号公刊物未登載〔29020833〕）

（2）2回目の遺産分割調停

2回目の遺産分割調停では、主として土地の評価と土地上の長男名義の建物の評価が争われたが、とりあえず土地を相続人で共有取得した上で、土地上の建物とともに売却して代金を分けることとし、売却までのスケジュールや売却が遅れた場合の損害金の定め、公租公課の負担や、任意売却を拒否した場合の競売条項など定め調停が成立した。

〔参考判例〕

被相続人名義の遺産につき遺産性が争われたが肯定した判例

①東京地判平成18・11・29平成17年（ワ）23811号公刊物未登載〔28282308〕

被告が、売買による購入・生前贈与を主張したのに対し、判決は、被相続人に債権者からの追求を免れる動機のあったこと、マンションの売買代金を被告が全く拠出していないこと、登記済権利証を被告が所持していないこと、被告に不利益な従前の相続についての遺産分割に対する見返りだったとする主張の裏付けが無いこと、などからともに否定した。

被相続人名義の不動産が遺産でないことの確認を一部認めなかった判例

②東京地判平成18・9・4平成16年（ワ）6711号公刊物未登載〔28282309〕

（小川典子）

―― 事例7 ――

遺産である建物及び賃借権が地主との間で争いとなった事例
―家賃も地代も同じであるとの錯誤に陥ったことを認め、借地契約の成立を認めた裁判例―

Ⅰ　事　例

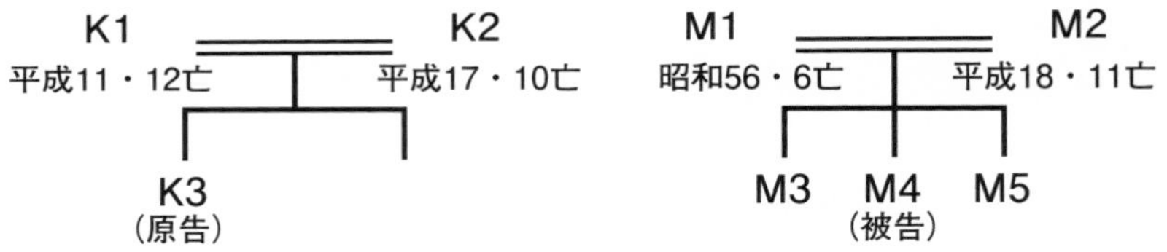

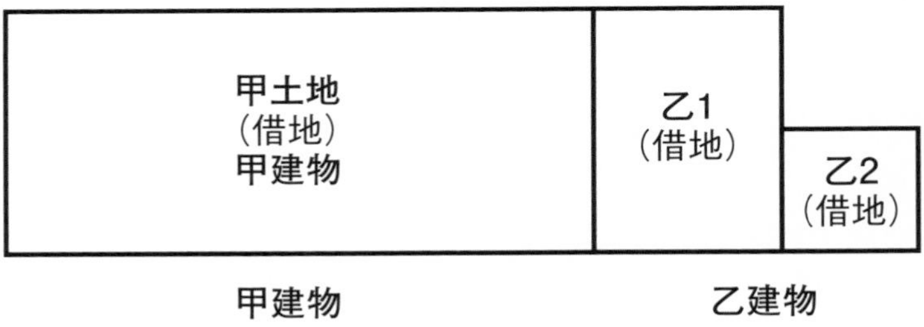

（1）甲土地に甲建物があり、Ｋ１は昭和31年１階床面積28.5坪の保存登記をした。甲土地は昭和20年代からＫ１が借地人である。

乙２借地は昭和20年代からＭ１が借地人で、昭和29年Ｍ１名義で床面積１階4.87坪２階3.75坪の保存登記をした（Ｍ１建物という）。乙１の借地には昭和35年以前約４坪の建物があった（建物（旧建物という））と考えられるが、昭和35年これがＭ１によって取り壊され、ここに約４坪の建物が建築され、乙２土地上のＭ１建物の増築分として、昭和42年課税台帳に記載された（乙１増築分は未登記のまま。これを乙建物という）。同じ昭和42年に、Ｋ１所有の甲建物の課税台帳は28.5坪から27坪に変更された。

Ｍ１は昭和35年から乙１地上建物と乙２借地上建物とが一体となっている乙建物を、店舗として使用していた。

（２）Ｍ１は昭和56年６月急死した。その相続人であるＭ２は乙１土地の賃貸人（土地所有者との関係では転貸人である）Ｋ１に対し、詳しい地代額と支払時期をＭ１から聞いていなかったので、地代を支払いたいと聞いたところ、Ｋ１はＭ２に対し、「乙１土地上の建物はＫ１の所有である、家賃として10万円支払ってほしい」旨持ち掛けられた。Ｍ２は乙１建物が課税台帳においてＭ１名義となっていることを認識していたが、家賃も地代も賃料債務としては同じであるという錯誤に陥り、その後言われたまま毎月10万円ずつＫ１に送金してこれを支払った。

そして、昭和58年12月Ｍ２はＳ会社から乙建物を店舗として賃借したいとの申込を受けてこれを賃貸し、引渡しをした。このとき、Ｋ１はＭ２に、乙１建物はＫ１所有と表示してこれを転貸するとの承諾書を交付した。そして、Ｍ２とＳ会社との賃貸借契約書のうち、賃貸物件の表示欄には、乙２土地上の乙２建物は登記簿のとおりと記載したが、乙１土地上の乙２建物は課税台帳記載に反し、これをＫ１所有建物として床面積も課税台帳と異なり、１階14.85㎡、２階14.85㎡と記載した。そして、Ｓ会社は乙建物の柱、梁に鉄骨柱、梁を副える等の補強工事をした。

（３）昭和61年、Ｋ１は、Ｓ会社に甲建物の南端約4.3坪を賃貸した。Ｓ会社は甲建物と乙建物とを一体として利用するため、甲建物の南壁面、乙建物の北壁面を取り壊し、甲建物の賃借部分を３階としたり、柱、梁に鉄骨を副える等の補強工事をした。

（４）平成17年、Ｍ２は、「昭和43年にＭ１は乙１土地にあった旧建物と乙１借地権を250万円でＹより買い受けた」旨の契約書が見つかったので、乙１土地の借地権はＭ１が既に取得していると考えて、その話し合いをすることをＫ１の相続人Ｋ２Ｋ３に弁護士を通じて申し入れた。しかし、Ｋ２Ｋ３はこれを受け入れなかった。そこで、Ｍ２はＥ弁護士を解任して直接Ｋ２の代理人弁護士Ｈに話し合いを申し入れたところ、Ｈから、「賃料を14万8,000円から９万円に下げる、乙１建物の所有権はＫ２らにあることを確認する、Ｍ２は乙１建物を転貸することができる」との条件を提示され、これを承諾する旨の確認書を交わした。

（５）平成27年、Ｓ社はＭ３らに乙建物の賃貸借を解除して、これを返還した（同時にＫ３にも甲建物の賃貸借を解除してこれを返還した）。

Ｍ３らは同年７月、返還を受けた建物をＴ会社に賃貸して引渡をした。

（６）これに対し、Ｋ３はＭ３らに対し、同年７月建物の無断転貸等を理由として乙１建物の賃貸借契約を解除する旨の通知をすると共に、乙１建物の占有移転禁止の仮処分をした後、乙１建物の建物を明け渡せとの訴えを提起した。

翌平成28年、Ｍ３らは、Ｋ３に対し、乙建物の所有権確認、乙１土地の転借権を有すると確認の訴えを提起した。

Ⅱ　論　点

１　第一審被告が主張する乙１建物はＭ１が増築した建物か（第一審原告が乙１建物はＫ１所有と主張する建物は実在しない）

２　Ｍ１は乙１土地上の借地権を取得したか（Ｍ２Ｍ３らが建物賃料として支払っているものは地代の支払として認められるか）

３　１、２を通じ、契約をした当事者であるＭ１、Ｋ１が共に死亡していて、証明困難なことをどのように証明したか

Ⅲ　解　説

本件訴訟の双方の主張とこれに対する判決が、第一審と第二審とで大きく異なっているので、これを挙げる。

(1)第一審の原告(K3)の主な主張

Ｋ１が昭和31年に登記をした１階床面積28.5坪の南端の１、２階各14.85㎡が賃貸物件であるとして、その図面はＫ３らが所有している甲建物でなく、乙１土地の乙１建物を図示した。

そして、その証拠として、昭和25年ころに、土地所有者Ｇが作成したとして借地図面を示した。その借地図面では甲土地は25～30の６区画にあり、乙１土地が31区画にあり、乙２土地が32区画にあり、25～31区画の総面積は30.87坪であった。

(2)第一審の被告(M3ら)の主な主張

乙１土地上の乙１建物は登記されている乙２建物と一体の構造であり、このことが課税台帳にも記載されているのであるから、乙１土地上に甲建物が接続して存在していない。甲建物は甲土地上にある範囲のもので、課税台帳上１、２階床面積各27坪である。

Ｔ鑑定書（私的鑑定）によると、乙１建物の北端に古い梁が残され、またその北西角に古い柱があり、その北側は背割れがあるから、これは乙の建物の北端であり、北側の甲建物と接続していない。

(3)第一審判決(東京地立川支判平成30・9・10平成27年(ワ)1960号等公刊物未登載〔28282492〕)の要点

被告主張立証の乙１建物を昭和35年増築したとする課税台帳は信用できないし、また、Ｔ鑑定書を一顧だにすることなく、原告の主張をそのまま受け入れ、「甲建物１階床面積28.5坪はＧの借地図面25～31区画の面積31.5坪を超えて存在しないと考えるのが合理的である」として、Ｋ３主張の１、２階14.85㎡の建物は乙１建物であるとして、Ｍ３らに対し、これを明け渡せとの判決をした。被告らの訴えのうち、所有権確認については、被告らは乙建物を一体としての所有権確認を求めていたのに対し、これを２分割し、乙２建物は争いがないと却下し、乙１建物につき請求を棄却した。

この判決は、合議事件であるが、まれに見る誤った判断である。第一に、地方税法に基づいて作成された公文書である家屋調査票を、理由根拠を示すことなくこれを信用できないとして、Ｍ１が昭和35年に増築した建築物を存在していないと扱った点である。第二に、被告は建物を一体として所有権確認を求めたのに対して、これを故意に２分割して、一方を登記してある部分は争いがないとして却下し、他方を（存在しないとして）棄却した。第三に、裁判所は測量鑑定のため現地を見ていて、乙１建物と乙２建物は一体の構造であること、乙１建物の北端の梁は見ているのであるから、Ｔ鑑定の是非に触れるべきであるのに、一顧だにしなかった点である。

被告は控訴し、原告も控訴した。

(4) 控訴審における第一審被告の主な主張立証

第一審の主張に追加したこと。

M１の昭和35年以前の旧家屋台帳を主張して提出した。これによると、昭和35年までの台帳は昭和29年の登記面積であったが、昭和36年から乙１建物の増築したことが記載されていた。

K１の昭和46年以前の旧家屋台帳を関連事件の調査嘱託で取得し、これを提出した。これによると、M１の家屋台帳変更と同じときの、昭和42年のK１の家屋台帳は１階28.5坪から27坪に、２階14.21坪から27坪に、３階1.87坪に変更された。

Yの相続人子にYとM１間の建物売買契約書と領収証を見せ、これが本人の筆跡か尋ねたところ、その相続人の出生届と同じ署名であることを証明していただき、この証明書を提出した。

(5) 控訴審（東京高判令和2・2・27平成30年（ネ）4502号公刊物未登載〔28282493〕）の判決

ア　主　文

1. 一審原告の一審被告らに対する請求をいずれも棄却する。
2. 一審被告らと一審原告との間で、別紙第３物件目録記載１の土地につき、一審被告らが、賃貸人をG、賃借人兼転貸人を一審原告、目的を普通建物所有、転借地料を１か月９万円とする期間の定めのない転借地権を有することを確認する。
3. 一審被告らと一審原告との間で、一審被告らが別紙第３物件目録記載２建物の所有権を有することを確認する。

イ　理由の要点

旧31区画建物の所有者はYであり、M１はYからこれを賃借していた。M１は、昭和35年、旧31区画建物を取り壊し、31区画上に昭和35年増築部分を建築した。昭和35年増築部分は、亜鉛メッキ鋼板葺２階建てであり、現況床面積は１階４坪（13.22㎡）、２階5.31坪（17.55㎡）の合計9.31坪（30.77㎡）であった。M１とYとは、昭和43年12月15日、Yが旧31区画建物を敷地に係る転借地権とともに代金250万円でＭ１に売り渡す売買契約を締結した。同契約に係る契約書（以下、「昭和43年売買契約書」という）によれば、売買の目的物件は、Ａ市所在の木造トタン葺１棟で、床面積は14.85㎡、２階14.85㎡とされていた。

Ｍ１は、昭和35年から昭和56年の死亡まで、乙２建物及び昭和35年増築部分を使用して、居酒屋の営業をした。この間、Ｍ１はＫ１に対し、毎月賃料名目で金銭の支払を継続した。

30区画と31区画の北西境界付近のＣＤ１点に現存する木製の柱は、古い年代の木材によるものであり、北側（30区画側）に背割りがある。

昭和22年６月頃に建築された甲建物の一部がそのまま存在し、現31区画建物となっているとみることは、合理的ではない。

31区画上に床面積が「１階14.85㎡、２階14.85㎡」で表示される建物は存在しなかったのであるから、Ｋ１から家賃を支払ってほしいと言われ、建物ではなく土地の賃料のはずだが、賃料を支払うのであれば同じことと思い、Ｋ１に言われるままに家賃という名目で賃料を支払ったというのであり、Ｍ２がＭ１の遺品の中から昭和43年売買契約書を見つけたのは平成17年頃のことであったことをも考慮すれば、このような説明が特段不合理なものともいえない。

Ｍ２が前記の内容の本件確認書を作成したことをもって、旧31区画建物の取り壊し及び昭和35年増築部分の建築の事実がなかったことをうかがわせる事情とはいえない。

Ａ市の家屋調査の結果については、地方税法に基づくものであり、その経過において、その信用性を疑うべき事情は見当たらず、その後、この調査に基づいて、Ｍ１ないし一審被告らは固定資産税を納付してきたのであり、その信用性を疑うべきものとはいえない。

Ｇ借地図面において、Ｋ１の借地部分は通路を除き１区画4.41坪７区画分とされ、その合計は30.87坪とされているところ、甲建物について、昭和31年10月に１階の床面積を28.50坪として保存登記されたことは前記前提事実のとおりである。この保存登記がされた際に、甲建物の南の端の部分が31区画上に存在したか否かについては明らかではないものの、昭和42年のＡ市の家屋調査においては、甲建物の１階の床面積は27坪と認定されているのであり、前記の保存登記がされていることをもって、前記２の認定を左右するものとはいえない。

現31区画建物は、Ｋ１ないし一審原告の所有に係るものではなく、Ｋ１とＭ１との間で本件賃貸借契約が締結されたものとは認められない。

Ｍ１は、昭和35年、31区画上に昭和35年増築部分を建築し、Ｋ１に対し、同年以降、毎月、賃料名目で金銭の支払を継続したことは、前記認定事実のとおりである。以上の事情によれば、Ｋ１とＭ１は、同年、31区画について、本件転借地契約を締結したと認めるのが相当である。

本件転借地契約の転借地料については、Ｍ１がＫ１に対して毎月賃料名目で金銭の支払を継続しており、平成17年10月以降は、その賃料を月額９万円とする合意がされたことが認められ、同額が転借地料であると認められる。現31区画建物（昭和35年増築部分）が亜鉛メッキ鋼板葺２階建てであることは、前記認定事実のとおりであり、弁論の全趣旨によれば、普通建物所有を目的とする期間の定めのないものであったと認められる。

賃貸人をＧ、賃借人兼転貸人を一審原告、目的を普通建物所有、転借地料を１か月９万円とする期間の定めのない転借地権を有すると認められ、その限度において、一審被告らの転借地権確認請求は理由がある。

ウ　コメント

本事件では借地契約に関わった当事者である賃貸人Ｋ１、転借人Ｙ、転借地権譲受人Ｍ１のいずれも死亡していて、借地契約をいつ、どのようにしたのかを明瞭に語れる人がいないことから、Ｍ１の借地権を証明するのが困難であった。Ｍ１（またはその相続人）にとって、次のいずれかの時期に弁護士等に相談をして法的手続をとっていれば、この問題は起こらずに済んだと言えよう。

第１段階、昭和35年の乙１建物を増築したときの表示登記と増築の登記と乙１借地権譲受の手続

第２段階　第１の手続をしないまま、昭和43年12月、Ｍ１はＹから旧建物（１、２階14.85㎡）と転借地権の売買契約をしたが、この段階での増築の登記と賃貸人Ｇ、借地人Ｋ１間との転借地権譲受の手続

第３段階　昭和56年Ｍ１死亡時、前の第１、第２段階で登記と転借地

権譲受手続をしなかったのであり、せめてこの時点でＭ２が気づいて増築の登記と転借地権譲受の手続をしておけばよかった。この時点でＭ２はＫ１より乙１建物はＫ１の所有であると言われて、地代も家賃も同じと考える錯誤に陥り、家賃として支払った。これが、Ｍ２がＳに賃貸する際に、乙１建物をＫ１所有と誤った表示をすることにつながった。

Ｍ１の相続人Ｍ３ら（一審被告）は、Ｍ１が増築したことを説明する文書は市の固定資産税台帳、家屋調査票であったので、第一審からこれを提出し、乙１土地上に現存する建物は乙１が昭和35年に増築した旨記載した家屋調査票を提出した。また、第二審においては、Ｍ１の旧家屋台帳とＫ１の旧家屋台帳を入手して提出した。この両旧家屋台帳は昭和42年に両建物を調査し、Ｍ１の乙建物には約４坪の増築がなされたところ、Ｋ１建物は１階28.5坪が27坪に変更されていたことが重要な証拠となった。

更に乙１建物に張られた鉄板等を剥がしたところ、古い柱、梁が見えたので、これを写真に撮ると共に、一級建築士による鑑定書を提出した。

鑑定書では、古い乙１建物の北西角に古い柱があり、これの北側には背割りがあることから、北側の建物には接続していないこと、ここで建物は完結していることを説明した。

（関戸勉）

第2章

特別受益・寄与分

生前及び死後に払い戻された預金について特別受益が主張された事例

Ⅰ　事　例

被相続人は父X、相続人は長男甲及び二男乙である。Xは、自宅不動産を所有していたが、生前に、甲に対してこれを贈与していた。また、Xには3,000万円の預金があったが、甲はXの死後に、Xの預金口座から3,000万円を払い戻した。また、甲は、Xの生前にXの預金口座から金2,000万円を払い戻していた。そのため、乙は、甲に対して、不動産の生前贈与について特別受益に当たるとして、甲がXの預金口座より払い戻した5,000万円全額の支払を要求した。これに対して、甲は、Xの生前に払い戻した2,000万円は、Xのために使用したと主張し、また、死後に払い戻した3,000万円については 、遺産分割の対象とはならないので、法定相続分に従って、２分の１の1,000万円のみを返還すると主張した。

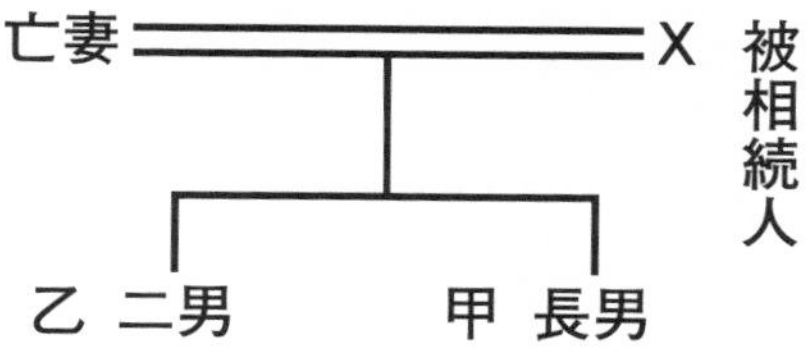

預　金	5,000万円		
	うち2,000万円	→	甲がXの生前に払い戻し
	3,000万円	→	甲がXの死後に払い戻し
不動産	5,000万円相当	→	Xが甲に生前贈与

Ⅱ　論　点

1　預金債権が遺産分割の対象となるか

2　相続開始前に相続人の一人が預金から払い戻した現金が遺産分割の対象となるか

3　相続開始後に相続人の一人が預金から払い戻した現金は遺産分割の対象となるか

Ⅲ　解　説

(1)預金債権の遺産分割

本事例において、甲は生前に5,000万円相当の自宅不動産の生前贈与を受けている。従って、一見すると、乙は甲の特別受益を主張して、預金全額の相続及び使途不明金全額の返還を請求することができそうである。

しかし、判例は、債権は原則として相続分に従って当然分割されるため、相続人が分割の対象とすることを合意した場合のほかは、遺産分割の対象とはならないとしている（最一小判昭和29・4・8民集8巻4号819頁〔27003180〕）。また、特別受益や寄与分は、遺産分割手続や遺留分算定の前提問題として主張し得るにすぎない。

〔参考判例〕

①最三小判平成7・3・7民集49巻3号893頁〔27826694〕

「ある財産が特別受益財産に当たるかどうかは、遺産分割申立事件、遺留分減殺請求に関する訴訟など具体的な相続分又は遺留分の確定を必要とする審判事件又は訴訟事件における前提問題として審理判断されるのであり、右のような事件を離れて、その点のみを別個独立に判決によって確認する必要もない。以上によれば、特定の財産が特別受益財産であることの確認を求める訴えは、確認の利益を欠くものとして不適法である。」

②最一小判平成12・2・24民集54巻2号523頁〔28050495〕

「具体的相続分は、……遺産分割手続における分配の前提となるべき計算上の価額又はその価額の遺産の総額に対する割合を意味するものであって、それ自体を実体法上の権利関係であるということはできず、遺産分割審判事件における遺産の分割や遺留分減殺請求に関する訴訟事件における遺留分の確定等のための前提問題として審理判断される事項であり、右のような事件を離れて、これのみを別個独立に判決によって確認することが紛争の直接かつ抜本的解決のため適切かつ必要であるということはできない。したがって、共同相続人間において具体的相続分についてその価額又は割合の確認を求める訴えは、確認の利益を欠くものとして不適法であると解すべきである。」

したがって、遺産として債権だけが存在する場合には、債権が遺産分割の対象とならない結果、仮に一部相続人に特別受益があった場合でも、他の相続人がその特別受益を主張する余地はないと考えられ、実際にそのような下級審判例が多数存在した。

しかし、相続財産が預金や債権のみの場合には特別受益や寄与分の主張が認められないという結論に対しては疑問が呈され、平成30年相続法改正作業の中でも、債権全般を遺産分割の対象とする、又は特別受益や寄与分の主張を遺産分割手続以外においても認めるなどの改正案が検討されていた。

これに対し、最大決平成28・12・19民集70巻8号2121頁〔28244524〕は、従来の判例を変更し概要次の通り判示した。すなわち、債権は遺産分割の対象とならないという枠組、及び特別受益や寄与分が遺産分割手続においてのみ主張し得るという枠組を維持しながら、普通預貯金債権、定額貯金債権についてはその特殊性から、これを遺産分割の対象となるとし、預金債権についても特別受益の主張を認めたのである。その後、最一小判平成29・4・6裁判所時報1673号3頁〔28251145〕は定期預金債権についても、遺産分割の対象となる旨を判示した。

したがって、本事例でも、Xの預金3,000万円は、被相続人の口座に残っている限り、二男は遺産分割手続において長男に対する特別受益を主張することが出来る。そして、その主張が認められれば二男は預金全額を取得することが可能となる。

(2) 相続発生後の払戻金の遺産分割

ところが、本事例では被相続人の死後、長男によって預金3,000万円が払い戻されている。このような場合、二男は不動産の生前贈与について特別受益を主張し具体的相続分による遺産分割を主張することができるか。

この点、被相続人の死後に払い戻された預金については、不当利得返還請求又は不法行為に基づく損害賠償請求ができるのみで、遺産分割の対象とはならない。ただし、相続人全員がこれを遺産分割の対象とすることに合意すれば、遺産分割の対象とすることができるというのが従前からの裁判実務である。

そのため、預金を払い戻した相続人が、他の相続人からの特別受益や寄与分の主張を封じるために、払戻金を遺産分割の対象とすることに同意しないケースが多々存在した。

しかし、前掲平成28年最大決による判例変更により、預金のまま存在すれば遺産分割の対象となり、他の相続人は特別受益も寄与分も主張できたにもかかわらず、その預金が一部相続人によって払い戻された途端に、他の相続人は特別受益も寄与分も主張できなくなるという結論は不合理と言わざるを得ない。

そこで、払い戻された現金を払い戻した相続人が管理しているという場合には、預金が現金となったに過ぎないので、遺産としての現金が存在するものとして扱い、これを遺産分割の対象とするという実務的対応がなされることもある。

一方で、その相続人が払い戻した現金を消費してしまったという場合には、遺産としての「現金」そのものが存在しないことになるので、遺産分割の問題とはならず、不当利得の返還又は損害賠償を請求できるに過ぎない。そして、不当利得の返還等の請求の中では特別受益や寄与分は主張する余地がないというのが、実務である。

平成30年改正相続法により、遺産分割前に一部の遺産が処分された場合の規律が設けられた。すなわち、遺産分割前に遺産が処分された場合であっても、処分をした当該相続人以外の共同相続人全員の同意があれば、処分された財産が遺産の分割時に遺産として存在するものとみなすことができる（民法906条の2）とされたのである。

この改正による、実務への影響を検討するため、本事例で、遺産として存在した預金が1億であり、そのうち7,000万が甲により遺産分割前に払い戻されたという場合を仮定する。

この場合、旧法では遺産分割の対象となる預金は3,000万円のみであり、払戻金7,000万円は遺産分割の対象とならない。その結果、甲と乙がそれぞれ取得する財産は次の計算の通りとなる。

みなし相続財産　預金3,000万＋特別受益5,000万＝8,000万円
みなし相続分　8,000万×1／2（相続分）＝各4,000万円
払戻金の取得額　7,000万×1／2（相続分）＝各3,500万円
各相続人の取得額　甲　預金0＋払戻金3,500万（＋特別受益5,000万）
合計8,500万円
乙　預金3,000万＋払戻金3,500万
合計6,500万円

これに対し、改正法によれば、払戻金7,000万円も遺産とみなされる結果、甲と乙がそれぞれ取得する財産は次の計算の通りとなる。

みなし相続財産　預金3,000万＋特別受益5,000万＋払戻金7,000万
＝1億5,000万円
みなし相続分　1億5,000万×1／2（相続分）＝各7,500万円
各相続人の取得額　甲　預金0＋払戻金2,500万＋特別受益5,000万
合計7,500万円
乙　預金3,000万＋払戻金4,500万
合計7,500万円

なお、甲は払戻金のうち4,500万円を乙に対して清算する義務を負う（堂薗幹一郎＝野口宣大編著『一問一答新しい相続法―平成30年民法等（相続法）改正、遺言書保管法の解説』商事法務（2019年）75頁）。

以上の通り、改正法においては、ケースによっては、払戻金が分割時に存在するものと見なされる結果、旧法下の不都合が是正されることになる。

それでは、本件のように遺産がすべて処分されてしまった場合はどうか。民法906条の2は、処分され財産は遺産ではないという従前の実務を前提としつつ、一定の場合に処分された財産を遺産とみなすことができるというものであり、遺産分割の対象となる財産が存在せず遺産分割することができない場合には適用されない（堂薗幹一郎＝野口宣大編著『一問一答新しい相続法－平成30年民法等（相続法）改正、遺言書保管法の解説』商事法務（2019年）97頁）。

したがって、本事例では、払戻金3,000万円については遺産分割を請求することはできず、不当利得返還請求等により法定相続分の返還を請求するほかない。

結果として、ずる賢い相続人を保護することになり不都合であるが、現在の実務を前提とする限りやむを得ない結論である。

(3) 生前払戻金の遺産分割

これに対して、甲がXの生前に払い戻した2,000万円についてはどうか。

この問題は、従前から使途不明金の問題として扱われていた問題である。

預金を着服された被相続人は、着服した相続人に対して、不当利得返還請求権又は損害賠償請求権という債権をもつ。仮に、これら債権が遺産分割の対象となるのであれば、他の相続人は特別受益を主張することが可能である。

しかし、前掲平成28年最大決は、預貯金のみを射程とするものであり、その他の債権は射程外である。従って、判例変更がなされない以上、使途不明金については特別受益を主張することはできない。

結果として、他の相続人による特別受益の主張を封じるべく、不当に預金を払い戻した相続人を利することとなってしまうが、現在の実務を前提とする以上、これもやむを得ない結論である。

(4) 事例の解決

本事例では、相手方が被相続人の預金から払い戻した現金については、自分の預金に入金したことを認めていたため、この現金を含めて遺産分割手続が行われ、相手方の特別受益が一部認められる内容で調停が成立した。しかし、相手方が被相続人の生前に払い戻した現金については、遺産分割の対象外とされ、別途訴訟を提起することとなった。

（福澤武文）

—— 事例9 ——

民法903条準用を巡る問題
—遺言漏れ財産の遺産分割の相続分の算定につき、遺言にかかる遺贈分を民法903条1項による持戻計算をすることが争われた事例—

Ⅰ　事　例

被相続人Aは、平成21年11月要旨以下の遺言をし、平成27年10月死亡した。相続人は子B、C、Dの3名。相続財産は甲土地建物、これに関連する甲´ 土地、乙土地建物とこれに関連する乙´ 土地、丙土地建物とこれに関連する丙´ 土地と預金約900万円、不動産の価格は下表のとおりであった。Aは遺言で「甲土地建物をBに、乙土地建物をCに、丙土地建物をDにそれぞれ相続させる」との遺言をした。しかし、甲´ 土地、乙´ 土地、丙´ 土地及び預金約900万円が遺言書から漏れていた。

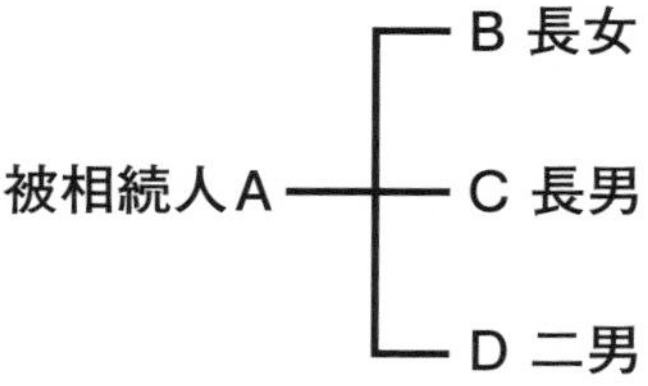

相続させる遺言の要旨

	（遺言指定物件）	（遺言漏れ物件）
	Bに対し、甲土地建物1億	甲´ 土地 1,000万
	Cに対し、乙土地建物 4,000万	乙´ 土地 1,000万
	Dに対し、丙土地建物 4,000万	丙´ 土地 1,000万
		預金約900万
計	1億8,000万円	3,900万円

Ⅱ　論　点

1　遺言漏れ財産の遺産分割の相続分算定につき、遺贈分の財産を持戻して計算すべきか

Ⅲ　解　説

(1)調停、審判の経過

遺言漏れ財産につき、Cは遺産分割調停の申立てをしたが、調停は不調となり、審判に移行した。そこで、Cは（遺言指定物件＋遺言漏れ財産）を相続分算定の基礎となる遺産として、これの3分の1をもってB、C、Dの相続分であるとして計算すると、Bは相続分がマイナスとなり、C、Dはほぼ等分となることを主張した。そして、遺言漏れ物件が甲、乙、丙各土地建物の持分又は道路等であったことから、甲、乙、丙各土地建物と一体として取得する必要から、Bは本来取得できないのに取得する物件は、Cが取得すべきものを売買により譲渡するのと同じであるから、その売買代金としての代償金の支払を求めるとの後記（イ）主張をした。

これに対し、Bは遺贈分の持戻しをしないこと、これの持戻しをするときはAは持戻免除の意思表示をした旨主張して、遺言漏れ物件だけを法定相続分である3分の1ずつ分けることの後記（ロ）主張した。このB、C間の主張はかみ合わないまま推移した。結局は、CがBに折れる形で預金の3分の2をCが、3分の1をDが、甲関連土地甲′はBが、乙関連土地乙′はCが、丙関連土地丙′はDが取得するとの和解が成立した。

（イ）Cの主張　相続分（遺言物件1億8,000万＋遺言漏れ物件3,900万）×
3分の1＝7,300万円
Bは7,300万－1億＝0円
Cは7,300万－4,000万＝3,300万円
Dは7,300万－4,000万＝3,300万円

しかし、B、C、Dは使用の必要上、遺言漏れ物件は遺言で指定した物件と関連のある土地である（その持分や道路であるため）ことから、これを取得する必要がある。すると、B…甲関連土地甲′、C…乙関連土地乙′、

D…丙関連土地丙´、相続分としては預金C、D 300 万円ずつ。すると、本来の相続分からはBは甲関連土地甲´ 1,000 万円を取得できないのに取得するのであるから、C、Dに対し、1,000 万円の代償金を支払うべきである。

（ロ）Bの主張

遺贈物件の持戻計算はしない。

甲、乙、丙各関連土地甲´ 乙´ 丙´ 合計 3,000 万円をB、C、Dが 3,000 万円×１／３ずつ取得する。

Cが甲関連土地甲´、Bが乙関連土地乙´ を取得する。

預金は各３分の１ずつ、各 300 万円ずつ取得する。

（2）審判例、学説

遺言漏れの財産の遺産分割に際し、相続人の相続分を算定するときに、遺贈分（相続させる遺言を含む）を持戻して計算するかについて、これを認める下記審判がある。

①山口家萩支審平成６・３・28 家月 47 巻 4 号 50 頁〔28019546〕

②広島高岡山支決平成 17・４・11 家月 57 巻 10 号 86 頁〔28102093〕

「相続させる」の遺言により取得した特定物について、民法 903 条１項の類推適用が可能であるかという問題について、類推適用を可能とする学説は、「相続させる」により相続人が取得した特定物は当該相続人の取得が確定するが、同条同項類推適用により遺言指定物件を持ち戻して計算すべきとしている。また、「相続させる」という遺言について同条同項の類推適用を否定する学説は、「相続させる」の遺言により取得した特定物はこれを分割済みの財産と扱うので、相続分の計算は遺産（遺言から漏れた財産＋分割済財産）を法定相続分で割った金額となり、類推適用説と同じ結果となる（森野俊彦「特別受益持戻し規定の解釈と運用について―『相続させる』とされた特定遺産の持戻しを中心として〈関西家事事件研究会報告９〉」判例タイムズ 1050 号（2001 年）60 頁）。

「相続させる」の遺言により取得した物件は遺産分割の対象から除外し、残りを法定相続分で分割するという方法を示した審判例は見当たらない。

相手方は遺言漏れ財産の分割につき、遺言指定物件を相続分算定の基礎となる財産に加えて計算するとしても、遺言指定物件を相続分算定の基礎に加えない意思すなわち持戻免除の意思表示を遺言者はしたと主張した。しかし、これは個別的な遺言書にそのような意思表示が示されているかという、遺言の意思解釈の問題であり、審判によって決せられることである。

遺産分割の実務においてこの点が争いとなる例が多いが、遺言においてその持戻免除の意思があると認めた審判例は見当たらない。生前贈与等において、持戻免除の意思表示を認めた事例はあり、これは以下のとおりである。

〔参考判例〕

株式の贈与について

①東京高決昭和51・4・16判タ347号207頁〔27452151〕

農地の贈与について

②高松家丸亀支審昭和37・10・31家月15巻5号85頁〔27450901〕

農地、居住用家屋について

③福岡高決昭和45・7・31家月22巻11・12号91頁〔27451666〕

土地使用権設定と建物建築資金の援助について

④東京高決昭和57・3・16家月35巻7号55頁〔27452631〕

（関戸勉）

—— 事例10 ——

療養看護型の寄与分が争われた最近の限界的事例

Ⅰ　事　例

昭和 53 年、被相続人Aは脳出血により右片麻痺、失語症に罹患し、昭和 58 年、長男BがB宅で被相続人Aの介護を開始した。介護開始当時、被相続人Aは身体障害２級であった。平成 12 年の介護保険開始時、被相続人Aは要介護２であったが、平成 16 年には要介護５となった。同年Bは、退職して被相続人Aの介護に専念し、24 時間体制で食事の介助、排便等の介護を継続した。被相続人は平成 27 年に死亡した。

被相続人Aの年金はBが管理し、被相続人Aの生活費、介護費用の範囲内で費消していた。介護保険開始後は、週に訪問介護（１日２時間、週４日程度）、通所介護（週２回程度）等の居宅サービスを利用していた。

なお、平成２年に被相続人Aの夫Cの相続が発生した際、Bが二男Dよりも多く相続する遺産分割協議を行ったという経緯がある。

BD 間の遺産分割調停が不成立となって審判移行した際、Bが寄与分を定める処分審判の申立てを行った。

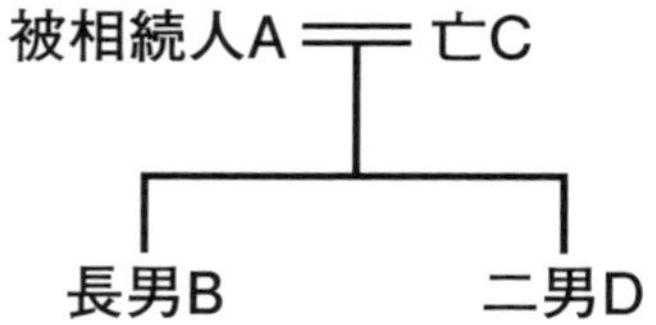

Ⅱ　論　点

1　療養看護型の寄与分の請求の可否

2　療養看護型の寄与分が認められた場合の算定方法

Ⅲ　解　説

(1) 療養看護型の寄与分の請求の可否

寄与分は、共同相続人中に、「特別の寄与」をした者があるときに認められる（民法904条の2）。この「特別の寄与」は、同居親族の相互扶助の範囲を超えるものといえる場合に認められ、事案ごとに個別具体的に判断される。

本件では、主治医意見書、陳述書等により、被相続人Aの日常生活自立度が極めて低かったことやBらの介護の実情の立証を試みた。

しかし、審判においては、介護についての詳細な事実認定を行うことなく、BがCの相続の際に法定相続分を大きく超える遺産を相続したとして、被相続人Aの介護に伴うBらの負担はCの遺産の過大な部分を取得したことによって十分報いられていると評価されるとし、また、介護サービスを受けていない時間におけるBらの介護は同居親族の通常の扶助協力義務の範囲を超えるものとはいえないとして寄与分を否定した。その後の抗告審においても同様の判断であった。

(2)他の審判例

認知症に伴って足の不自由が進行したため、寝たきり状態となり、平成22年要介護4と認定された被相続人について（同年中に要介護5との認定）、同年から平成26年に被相続人が死亡するまで、食事や給水の際は1口ずつ被相続人の口に運んで介助をし、摘便を行い、痰の吸引等の介護を行っていた事例で、「無償で継続的に被相続人の看護に専従して特別の貢献をし、これによって介護費用の出費を減少させ、被相続人の財産の維持に特別の寄与をしたと認めることができる」として、寄与分を肯定した事例がある（横浜家川崎支審平成29・5・31家庭の法と裁判21号102頁〔28263039〕。なお、抗告審である東京高決平成29・9・22家庭の法と裁判21号97頁〔28263040〕も同様）。

(3)検　討

在宅介護の療養看護型の寄与分が争われた審判例では、一般に、介護が「特別な寄与」といえるかについては、介護の期間、介護の程度（専従性）、対価授受の有無（無償性）等の要素が検討されている。

本事例では、介護の期間は、退職して介護に専念してからでも11年の長きに渡り、介護の程度も食事介助、排便等を24時間体制で行っていた。

この点は、他の審判例と比較しても期間の点では長期であり、介護の程度も軽いものとは言えないものであったといえる。

なお、介護保険開始後の事例においては、受けていた介護サービスが特別の寄与を否定する方向で検討されている。本事例においても、審判では「介護サービスを受けていない時間におけるＢの介護が同居親族の通常の扶助協力義務の範囲を超えるものとはいえない。」とされた。他方で、前記（２）の審判例では、概ね毎日朝夕の訪問介護を受け、週１回の通所介護（デイサービス）、月10回前後の短期入所生活介護（ショートステイ）を利用していたが、特別の寄与は認められた。

無償性においては、本事例は、被相続人Ａ自身ではなく、その夫であるＣの相続の際にＢが他の共同相続人より多くの相続財産を取得したことで、介護に伴う負担は十分報いられていると評価した。原審判だけでなく抗告審もかかる判断を維持したが被相続人以外の者の相続の結果を要素とすることを一般化するのは困難ではないかと考える。

他方、前記（２）の審判例では、被相続人の成年後見人から月額10万円が被相続人と相続人の生活費として支給されていたが、特段、無償性に言及なく寄与分は肯定されている。

(4)療養看護型の寄与分が認められた場合の算定方法

寄与分を肯定した前記（２）の審判例において、寄与分の算定は、介護保険の標準報酬額を基準とし、親族の扶養義務による修正を行うべきとする。具体的には、被相続人が要介護度に基づいて、指定居宅サービスに要する費用の額の算定に関する基準の指定居宅サービス介護給付費単位数表記載の金額に療養看護を行った日数を乗じ、親族間の裁量割合として０.７を乗じるものとした。

前記以外の裁判例では、貢献の程度を金銭に換算するとして概算の金額を認定するもの（東京高決平成22・９・13家月63巻６号82頁〔28173397〕）、諸事情を総合考慮して遺産に対する割合で評価するもの（大阪高決平成19・12・６家月60巻９号89頁〔28141837〕）、看護師家政婦紹介所が看護師等を派遣する際の標準賃金表を基としつつ事案を総合的に考慮して金額を算定するもの（大阪家審平成19・２・26家月59巻８号

47 頁〔28131815〕）等、算定方法は事案ごとで異なる。

（一藤剛志）

第3章

遺産分割

事例11

海外居住者で所在不明の相続人との間で遺産分割を成立させた事例

Ⅰ　事　例

被相続人Xは昭和30年に亡くなったが、その後、自宅不動産について相続手続がなされないまま年月が経過した。この自宅不動産に居住するXのひ孫Aは、これを売却するため、遺産分割協議をしようと戸籍を調査したところ、相続人は合計で24名いることが判明した。そこで、Aは各相続人に連絡をとり遺産分割の協力を求めたが、相続人の一人Bはフィリピンに転居したことが判明したものの、居所は不明であり遺産分割協議をすることができない。

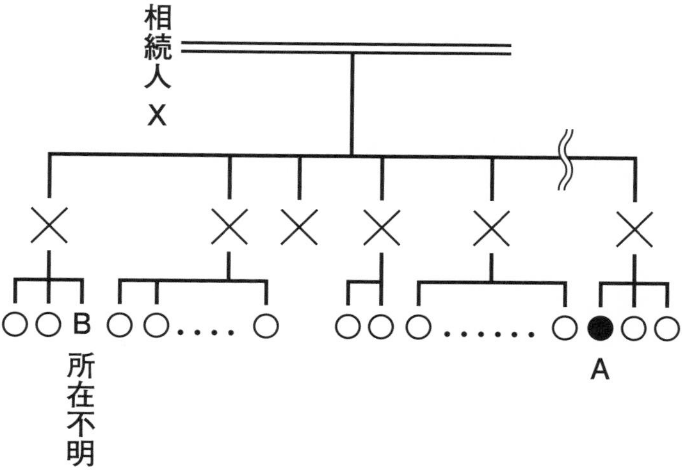

Ⅱ　論　点

1　海外居住者の調査

2　特別代理人、失踪宣告、公示送達との関係

3　不在者財産管理人の選任

Ⅲ　解　説

(1)　海外居住者の調査

所在不明の相続人との間で遺産分割を行う場合には、後述するとおり選択できる手段は複数存在する。しかし、いずれの手続を選択するにせよ、まずは所在を調査することが前提となる。本件ではBの戸籍を調査したところ、平成20年にフィリピン国籍の女性と婚姻したことが判明した。また、戸籍の附票には、同人が同年フィリピンに転居したと記載されていた。

このように海外に転居したことが判明した日本国籍の相続人の調査をする方法として、弁護士会照会を利用することが可能である。照会先は外務省領事局海外邦人安全課課長である。外務省では邦人の安否確認のため、在外日本大使館に資料があれば、その結果を弁護士会に回答する。

この弁護士会照会にかかる時間は、転居先の国やケースによりけりであり、１か月から３か月、さらに時間が必要なこともある。本事例では約３か月で照会に対する回答があったが、結局Bの住所は判明しなかった。

(2)特別代理人の選任、失踪宣告、公示送達との関係

相続人の中に不在者がいる場合に遺産分割を成立させるための手続としては、失踪宣告の申立て、公示送達、不在者財産管理人の選任が考えられる。

まず、所在不明者の生死が７年間明らかでない場合には失踪宣告の申立てをすることができる（民法30条１項）。しかし、失踪宣告が下されれば不明期間７年間が経過した時に死亡したことが擬制されるが、その結果として不明者の相続が開始し、さらに相続人が増える結果となり解決が困難となる可能性がある。また、失踪宣告を申し立てると、家庭裁判所の調査の後、３か月間以上の催告期間の後に裁判所は失踪宣告をすることになるが、家庭裁判所の調査に時間を要し宣告まで１年以上かかることもある。

また、公示送達については、家事事件手続法36条が民事訴訟法110条～113条を準用しており、条文上は家事審判のみならず家事調停にも準用されるという条文構造になっているが、実務上は調停手続の送達を公示送

達で行っても調停の意味はないため、公示送達は認められていない。

なお、不明者の場合には家事事件手続法19条の特別代理人の選任はできない。同条の特別代理人は未成年者や無能力者に法定代理人が不存在又は代理権を行使できない場合に、訴訟上の代理をさせるために選任されるものである。単なる不在者にはそもそも法定相続人が観念できないないから、同条の特別代理人を選任する余地はない。

この点、相続人が不存在の場合には、特別代理人の選任の余地があるが、これは相続財産法人という法人に代理人が存在しないという点で、会社に代表者がいない場合と同視できるからである。

(3)不在者財産管理人の選任

そのため、不明者と遺産分割をするためには、不在者財産管理人を選任するのが一般的である。

不在者財産管理人選任の要件は、①従来の住所又は居所を去って容易に帰来する見込みのないこと②不在者に財産があること③財産を管理できないことである（民法25条）。

不在者財産管理人の選任は家族裁判所に申し立てるが、管理人の報酬として30万～50万程度の予納を命じられるのが一般的ある。

本事例では、不在者財産管理人の選任を申し立てたところ、約1か月で弁護士が管理人に選任されたため、管理人との間で遺産分割協議を行い、管理人は家庭裁判所より権限外行為の許可を得て遺産分割が成立した。

（福澤武文）

―― 事例12 ――

土地の使用貸借が遺産分割の争点となった事例

Ⅰ　事　例

被相続人X（平成27年4月に死去）には、遺産として3,000万円相当の土地甲と預金3,000万円がある。Xの相続人は、長男A及び二男Bである。Aは、Xの勧めで平成15年に土地甲のうえに建物を建築しXと二世帯の住居としていた。Bは、甲土地の相続を希望し、Aに対して甲土地の明渡しと賃料相当額の支払を請求した。これに対しAは、甲土地にかかる使用貸借契約を主張し、Bの請求を拒否するとともに、甲土地を更地評価ではなく使用貸借権2割を控除して評価すべきであると主張した。

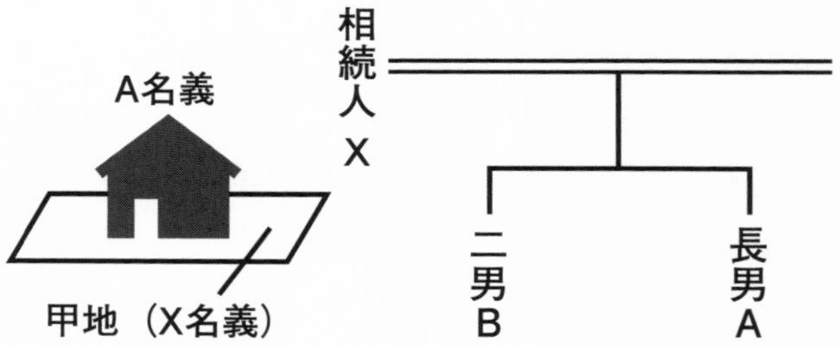

Ⅱ　論　点

1　遺産分割未了の間の土地明渡しの可否

2　遺産分割未了の間の賃料相当額の支払請求の可否

3　使用貸借契約の終了事由

4　土地の使用貸借付の土地の評価

Ⅲ　解　説

(1) 遺産分割未了の間の土地明渡請求の可否

Bは、Aに対して、直ちに甲土地を明け渡すよう求めた。しかし、遺産分割未了の間は、Aに対して甲土地の明渡しを請求することはできない。Aには甲土地に対する共有持分があり、その持分に従って甲土地を使用する権利を有するからである（最一小判昭和41・5・19民集20巻5号947頁〔27001190〕）。

それでは、Bは、遺産分割未了の間、Aに対して甲土地の賃料相当額を請求することが出来るか。

この点、不動産の共有者は、当該不動産を単独で占有することが出来る権限がないのに、これを単独で占有している他の共有者に対し、自己の持分割合に応じて専有部分に係る賃料相当額の不当利得金ないし損害賠償金の支払を請求することができるというのが判例である（最二小判平成12・4・7裁判集民198号1頁〔28050770〕）。

もっとも、Aの甲土地に対する使用貸借権が認められる場合には、Aは使用貸借契約に基づき甲土地を無償で使用できるから、BはAに対して賃料相当額の支払を請求することはできない。

(2)使用貸借契約の終了事由

遺産分割の結果、Bが本件土地を取得した場合、BはAに対して甲土地の明渡しを請求することができるか。仮に、明渡しを請求できないとすれば、Bは遺産分割により本件土地を取得しても意味がないことになる。

この点、使用貸借契約は、契約に期限の定めがあればそのときに、期限の定めがない場合でも目的の定めがある場合には目的に従った使用収益が終了した時に終了する（民法597条1項2項）。また、貸主は目的の定めがない場合にはいつでも、また、目的の定めがあり目的に従った使用収益をするのに相当の期間が経過した時には契約を解除することができる（民法598条1項2項）。

ところで、土地を第三者が無償で借りてその土地上に建物を所有する場合には、その使用貸借契約は建物所有を目的とするものと認定されるのが一般的である。この場合、民法598条1項の目的に従った使用収益をなすに足りる期間が経過したと言えるかが争点となる。

この点、最二小判昭和45・10・16裁判集民101号77頁〔28200658〕は、土地の使用貸借において、使用収益をするに足りるべき期間が経過したかどうかは、単に経過した年月のみで判断するのではなく、契約に至った特殊な事情、当事者間の人的なつながり、土地使用の目的、方法、程度、貸主が土地の使用を必要とする程度などの諸事情を比較衡量して判断すべきとしている。

また、最一小判平成 11・2・25 裁判集民 191 号 391 頁〔28040416〕は、使用期間 38 年 8 か月というケースにつき、使用開始から長年月が経過し、人的なつながりが著しく変化したなどの事情が認められる場合、借主に他に居住するところがなく、貸主に土地を使用する必要等特別の事情が生じていないというだけでは、使用収益をするに足りるべき期間の経過を否定する事情としては不十分であると言わざるを得ないとして、使用収益をするに足りるべき期間の経過を認めた。

建物所有目的の使用貸借契約の終了が争われた判例は少なくないが、特殊な事情がない場合には 30 年未満で契約終了が認定されたケースは少なく、逆に 35 年以上の期間が経過している場合には足るべき期間の経過が認定される傾向にある。

本事例においては、土地の使用期間は未だ 15 年弱であり、その他の事情からも民法 598 条 1 項の相当期間の経過が認定される可能性は乏しく、その場合、A は本件土地を取得しても、相当長期間にわたって利用することが出来ないことが予想された。A も前記事情を踏まえ、甲土地を取得するという希望は早い段階で撤回した。

(3) 土地の使用貸借付の土地の評価

遺産分割により A が甲土地を取得する場合、A は本件土地を更地評価ではなく、使用貸借権の負担を控除した評価で取得することを主張できるか。

使用賃借権を控訴した評価で取得できれば、A はその分他の遺産につきより多くの権利を主張できる。この点例えば、借地権付の土地の場合には、更地価額から借地権割合を控除した評価がなされるが、これとパラレルで、使用貸借の場合にも、使用貸借割合を更地価額から控除するのが一般的である。しかし、相続人の一人が遺産である土地の使用貸借を受け建物を所有している場合については争いがある。

この問題につき、使用貸主が相続人の一人である場には、更地価額をもって土地を評価すべきという説もある（大阪高決昭和49・9・17家月27巻8号65頁〔27452011〕、福岡高決昭和58・2・21家月36巻7号73頁〔27490459〕、東京家審昭和61・3・24家月38巻11号110頁〔27801718〕）。

その論拠の一つは、使用貸借権の負担を減価したとしても、被相続人から受けた使用貸借権の付与がその相続人の特別受益にあたるとすれば、持戻しをした結果、更地と評価するのと何ら変わらないという点にある。

しかし、特別受益に該当するか否かは、具体的な事情を総合考慮のうえ判断されるべきもので、相続人に対する使用貸借の付与が必ずしも特別受益に該当すると判断されるわけではない。

そのため、相続人が使用借主の場合にも使用貸借権の負担は減価したうえで、使用貸借権の付与が特別受益に該当するか、また、該当するとして持戻免除が認め得られるかを個別に判断するのが実務の主流となっている（片岡武＝管野眞一編著『家庭裁判所における遺産分割・遺留分の実務〈第3版〉』日本加除出版（2017年）270頁）。

(4)使用貸借の特別受益該当性及び持戻免除

前述の通り、甲土地が使用貸借権を控除して評価されるとしても、Aに対する使用貸借権の付与が特別受益に該たるとすれば、持戻しの対象となり、結果として甲土地を更地評価したのと同じとなる。そのため、Bは使用貸借付与がAの特別受益に該当すると主張した。これに対し、AはXからAに対する特別受益にはあたらないと反論した。

この点、一般論としては、使用貸借契約により無償で土地を使用する権利が発生する以上、生計の資本としての贈与といえ、使用貸借権相当額が特別受益とされる。しかし、本件のように被相続人が本件土地上のA所有の建物に無償で居住していたという事情のある場合には、単なる使用貸借ではなく、負担付の使用貸借であるとして特別受益が否定された例がある（東京地判平成31・3・13平成27（ワ）10408号・平成28（ワ）8042号公刊物未登載〔29054500〕）。

また、仮に特別受益と認められる場合であっても、被相続人が持戻免除の意思表示をした場合には、持戻計算をする必要がない。この点、明示の意思表示がない場合にも、被相続人が法定相続分の他に財産を相続させる意思をもっていたと認められる事情がある場合には、黙示の持戻免除の意思表示（民法903条3項）を認めるのが裁判実務である。そこで、Aは、持戻免除の意思表示を主張した。

本事例では、Aが建築した建物は、X夫婦とA夫婦と子供達との二世帯が生活するために建築され、建築費用もAが全額を負担していたこと、X夫婦は無償で本件建物に居住していたという事情があったため、特別受益は認められないという前提で解決がなされた。

（5）使用貸借による控除の割合

使用貸借の負担を土地の評価から控除する割合については、一般には1割から3割とされる（片岡武＝管野眞一編著『家庭裁判所における遺産分割・遺留分の実務〈第3版〉』日本加除出版（2017年）271頁）。堅固建物か非堅固建物かだけでなく、使用借権成立の経緯や、貸主と借主の関係等の総合考慮によって判断され、非堅固建物でも3割の評価をされた事例も存在する（東京高決平成9・6・26家月49巻12号74頁〔28022210〕）。

本事例では、建物は木造平家建であったものの、築年数が20年弱であること、被相続人夫婦との二世帯の住居として使用されていたという事情から、概ね15％を更地価格から差し引く計算で解決に至った。

（福澤武文）

—— 事例13 ——

相続開始後に建物の区分登記及び遺産分割が錯誤により無効とされた裁判例

—遺産である建物を区分登記したため、意図していた遺産分割ができなくなった事例—

Ⅰ　事　例

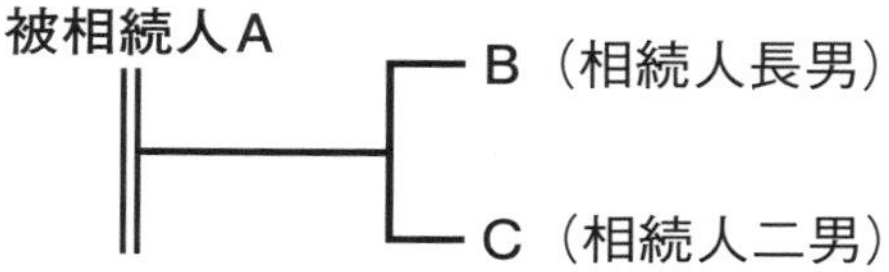

被相続人Aが、平成17年5月に死亡、相続人は長男B、二男Cである。遺産は、甲土地とそこに建てられている登記済の乙家屋（1、2階各30㎡計60㎡）と未登記丙家屋（1、2階各20㎡計40㎡）である。

乙家屋にはBが居住し、丙家屋にはCが居住している。Aの生前、乙家屋と丙家屋を行き来できるよう、この間に廊下、東西に壁を、上部に屋根を設置し、両建物間に部屋風の構築物丁を設置した。

B、Cは甲土地を下図のとおり2つに分筆して、甲1土地と乙建物をBが相続し、甲2土地と丙・丁建物をCが相続する遺産分割を行うため、B、Cは土地の分筆と丙建物の登記を家屋調査士に依頼した。家屋調査士は土地の分筆をした後、丙建物の登記につき、丁、丙を乙建物の増築物として、乙丁丙を1棟の建物として登記をし、更に、これを乙区分建物と丙区分建物（丙＋丁）に区分する登記をした。この結果、乙区分建物と丙区分建物には、甲1、甲2両土地につき、乙、（丙＋丁）建物の床面積に比例した割合の敷地権が発生し、分筆した甲1、甲2、両土地には乙区分建物につき100分の60、丙丁区分建物につき100分の40の敷地権の負担が発生した。

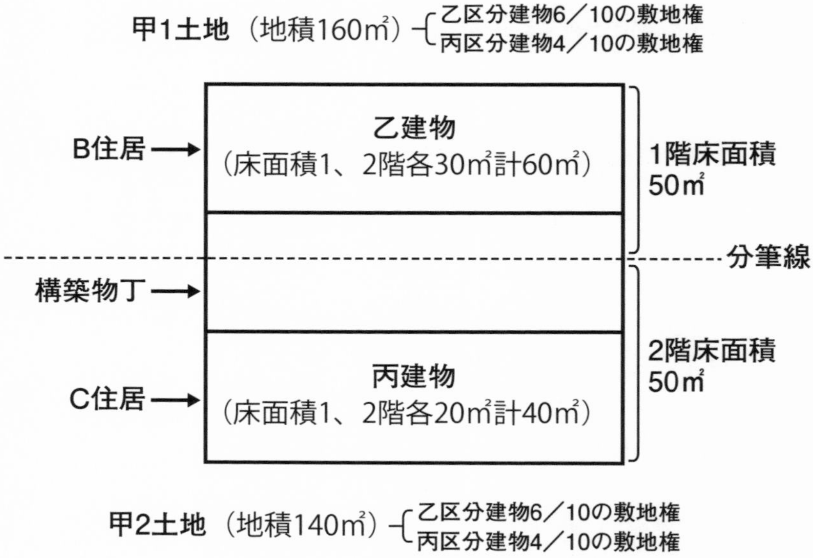

そして、平成18年３月、Ｂ、Ｃは前記敷地権のことは知らされないまま、乙区分建物をＢが取得し、丙区分建物をＣが取得する内容の遺産分割協議書に署名押印し、これが登記された。

その後、Ｂから乙建物と甲１土地の売却等処分ができないことが指摘されたことを契機に、Ｃが甲土地と乙丙建物につき、家庭裁判所に遺産分割調停の申立てをした。裁判所は、この申立てを遺産分割済の事件として扱ったためか、遺産分割後の親族間の紛争調整に変更した。

また、この申立てを、遺産分割済の事件と扱ったためか、裁判所は、区分建物登記があるままでは土地の遺産分割ができないのに、これを整理しないまま調停を進め、その結果、平成23年３月、次の要旨の調停が成立した。

「（１）Ｂ、Ｃは甲１、２土地と乙、丙建物について分離処分を可能にするための規約を設定し、同建物について敷地権消滅による区分建物表題部変更手続をする。

（２）甲１土地は、Ｂが取得し、甲２土地はＣが取得する。」

この調停成立後、Ｃは法務局に、甲２土地につき相続による所有権移転登記の申請をしようとしたが、受理されないことが分かり、Cはこれの処理を弁護士Sに依頼した。Sの調査の結果、次の事実が判明した。

「未登記の丙建物の表示登記をすることを、家屋調査士は依頼されたが、乙、丁、丙の建物が繋がっている一体の建物と見た。そのため、丁、丙建物を乙建物の増築分として登記をした。この一体の建物を2個に区分すれば、相続人Bが区分1の建物を、Cが区分2の建物を取得できると考えて、B、Cに建物区分登記の意義と効果を説明しないまま、乙区分（60㎡）、丙区分（40㎡）の建物の区分登記をした。

この結果、甲1、甲2各土地に乙区分建物の敷地権100分の60、丙区分建物の敷地権100分の40が発生し、両土地にその登記がなされた。建物区分登記の後、司法書士により遺産分割協議書が作成されたが、遺産の表示として乙区分建物と丙区分建物が表示され、（甲1、甲2各土地は遺産として表示されることなく）、乙区分建物はBが取得する、丙区分建物はCが取得するとの協議書が作成され、この書面にB、Cは署名押印したが、Bは区分建物でないところの乙建物とその敷地の甲1土地を取得する意思であり、Cは区分建物でないところの丙建物とその敷地の甲2土地を取得する意思であった。

家庭裁判所で成立した遺産分割の条項（1）敷地権消滅による区分建物表題部変更手続を甲1、2土地と乙、丙建物について分離処分を可能にする規約を設定して行う。とあるが、規約の設定では法定の敷地権を消滅させることはできないこと。」

そこで、建物の区分登記をしたことが誤りであり、この登記はB、Cの真意によるものではなかったことを理由として、Cは遺産の原状回復を目的として、相続を原因とする所有権移転登記及び区分登記の抹消登記手続請求事件の訴えを提起することとした。口頭弁論手続において、Cは前記の事実を主張し、土地家屋調査士の証人尋問、C、Bの本人尋問により、前記の事実を証明した。

東京地判立川支判平成30・1・17平成28年（ワ）1657号公刊物未登載〔28282494〕は、区分登記された建物を遺産として扱って遺産分割をしたことに錯誤があるとして、両登記の抹消を容認した。Cは控訴したが、一審判決と同内容の和解が成立した。

Ⅱ　論　点

1　相続開始後に誤ってなされた建物の増築と区分登記した建物を遺産として原状回復する方法

2　区分登記された建物を遺産分割してその登記をしたとき、これを錯誤により抹消できるか

Ⅲ　解　説

建物区分登記された建物の相続を原因とする所有権移転登記は一見、通常の建物の相続登記のように見えるため、これの相続登記の抹消はCの法定相続分しか請求できないとの問題としてとらえられそうである。第一審の弁論準備手続においては、裁判所からこの点が指摘されていた。C代理人は、この指摘に対し、相続開始時の遺産の原状は普通の建物であったが、区分建物の登記をしたことにより、原状が変更され、遺産ではないところの区分登記建物になったのであるから、所有権に基づく妨害排除請求として、遺産の原状に戻すため、B名義の乙区分建物及びC名義の丙区分建物である区分建物登記の全部を抹消する必要のあることを主張した。また、抹消を求める理由として、B、Cには増築した建物を区分登記建物にする意思がなかったこと、B、C共に区分した建物は原状の遺産ではないのに遺産であるとの錯誤に陥ったため、遺産分割協議書に署名押印したもので遺産分割協議が無効である旨主張した。判決はこのとおりの事実を認容した。

我が国の裁判所は、総じて意思表示の錯誤を認めることに消極的である。特に、契約書や遺産分割協議書に記載された文面を読んでいるという事実及び、署名押印する自発の意思がある等の事実をとらえて、錯誤はないとの判断をしがちである。しかし、錯誤のない意思表示というには、書面に表現されている文言の法的な意味、法的な効果を理解しているとの要件が必要であると解すべきである。

本件での遺産分割においては、その文面は別紙のとおりであり、これをB、Cが読んで自分の意思で署名押印をしている。しかし、B、C共に自分が取得する土地建物を認識しているが、これの記載がなく、これと異なるところの区分登記された建物が表示されているのであるから、法的意

味、法的効果の認識を欠いた署名押印であり、錯誤以外の何ものでもない。本判決は次の理由で原告の錯誤を認めたが、実質的にはこれを認めたものとして意義がある。

「①本件各登記（建物区分登記）申請に原告は関与していないこと。

②原告の錯誤の有無について原告は、本件遺産分割協議について、本件協議書の記載にもかかわらず、原告が甲２土地と丙建物を、被告が甲１土地と乙建物をそれぞれ単独で取得する内容であると誤信していたと主張し、その供述にはこれに沿う部分がある。

前記１の各事実に加え、本件分筆までしながら、本件建物を区分所有建物とし、乙建物と丙建物に関する原告と被告の権利を区分所有権とする合理的な理由は見いだし難いこと、O土地家屋調査士も、原告に対する説明の状況や内容に関してあいまいな供述をし、少なくとも原告の主張する錯誤の可能性を否定していないことも考慮すると、原告の上記供述は信用することができ、本件遺産分割協議については、重要な点について原告の内心と表示（本件協議書の記載）には不一致があるといえ、原告の主張する錯誤の事実を認めることができる。」

遺産である不動産が無効な遺産分割等を原因として、権利を取得していない相続人に所有権移転の登記がなされているときは、他の相続人は自分の法定相続分の範囲で抹消登記請求ができるというのが判例である。（最三小判昭和59・４・24裁判集民141号603頁〔27432048〕）

これに対し、本件のように遺産である建物が登記上、区分登記建物に変更されている場合は、区分登記は遺産とは異なる妨害物と考えられ、所有権（法定相続分の持分）に基づき妨害排除請求として、全部の区分登記の抹消が認められることは当然といえよう。

〔類似の事例〕

遺産である土地に、他の相続人に無断で一人の相続人が建物を建築したような場合に、他の相続人は所有権（法定相続分）に基づく妨害排除として建物収去土地明渡しの請求が認められることになる。しかし、建築した相続人の法定相続分範囲内としての使用権と、妨害排除を求める他の法定相続分の妨害排除請求とが交錯するところであり、個別的事情により解決困難さがあると考えられる。

なお、この事例は最一小判昭和41・5・19民集20巻5号947頁〔27001190〕とは異なる。これは相続開始前に二男の被告が父から建物の使用貸借に基づき建物を占有使用していたところ、父が死亡して相続が開始し、共有持分の価格が過半数を超える相続人から建物明渡しを求められたのに対し、第一、第二審の明渡し容認の判決を取消したもので、その理由として多数持分権者というだけでは明渡しを請求できない、明渡しを求めるにはその理由を主張立証しなければならないと判示したものである。

（イ）甲土地の現状

①甲1土地

表題部（土地の表示）

地積300㎡

↓

地積160㎡　平成18年2月○日　土地を2つに分筆

権利部（甲区）

1　昭和○年○月○日　登記の目的所有権移転　売買　山田一郎

2　平成18年○月○日　登記の目的所有権敷地権　建物の表示○○
床面積1階50㎡、2階50㎡

＊建物の区分登記をしたことにより、この2の登記がなされた

②甲2土地

表題部（土地の表示）

地積140㎡　平成18年2月○日　分筆

権利部（甲区）

1　昭和○年○月○日　登記の目的所有権移転　売買　山田一郎

2　平成18年2月○日　登記の目的所有権敷地権　建物の表示○○
床面積1階50㎡、2階50㎡

＊建物の区分登記をしたことにより、この2の登記がなされた

（ロ）遺産としての原状の乙建物登記簿

床面積　1階　30㎡

　　　　2階　30㎡

所有権保存　昭和49年○月○日　山田一郎

（ハ）建物を区分登記したもの

①乙建物

表題部（一棟の建物の表示）

床面積　1階　50㎡

　　　　2階　50㎡

表題部（敷地権の目的たる土地の表示）

地積（甲1土地）160㎡

　　（甲2土地）140㎡

表題部（専有部分の建物の表示）

床面積　1階　30㎡

　　　　2階　30㎡

表題部（敷地権の表示）

敷地権の割合　100分の60　平成18年2月○日

区分により敷地権成立

②丁、丙建物

表題部（一棟の建物の表示）

床面積　1階　50㎡

　　　　2階　50㎡

表題部（敷地権の目的たる土地の表示）

地積（甲1土地）160㎡

　　（甲2土地）140㎡

表題部（専有部分の建物の表示）

床面積　1階　20㎡

　　　　2階　20㎡

表題部（敷地権の表示）

敷地権の割合　100分の40　平成18年2月○日

区分により敷地権成立

別　紙

遺産分割協議書

共同相続人である私達は、次の相続について、下記のとおり遺産分割の協議をした。

被相続人の最後の本籍　○○

最後の住所　○○

氏名　山田　一郎

相続開始の日　平成17年○月○日

記

1．相続財産中、次の不動産についてはBが取得する。

一棟の建物の表示

所在　乙

構造　木造かわら・亜鉛メッキ鋼板ぶき2階建

床面積　1階50㎡

2階50㎡

専有部分の建物の表示

家屋番号　○○

種類　居宅

構造　木造かわら・亜鉛メッキ鋼板ぶき2階建

床面積　1階30㎡

2階30㎡

敷地権の表示
符号　1
所在及び地番　甲1
地目　宅地
地積　160㎡
敷地権の種類　所有権
敷地権の割合　100分の60
符号　2
所在及び地番　甲2
地目　宅地
地積　140㎡
敷地権の種類　所有権
敷地権の割合　100分の60

2．相続財産中、次の不動産についてはCが相続する。

一棟の建物の表示
所在　丙
構造　木造かわら・亜鉛メッキ鋼板ぶき2階建
床面積　1階50㎡
　　　　2階50㎡

専有部分の建物の表示
家屋番号　○○
種類　居宅
構造　木造かわら・亜鉛メッキ鋼板ぶき2階建
床面積　1階20㎡
　　　　2階20㎡

敷地権の表示

符号　1
所在及び地番　甲1
地目　宅地
地積　160㎡
敷地権の種類　所有権
敷地権の割合　100分の40

符号2
所在及び地番　甲2
地目　宅地
地積　140㎡
敷地権の種類　所有権
敷地権の割合　100分の40

以上の協議を証するため、この協議書を作成し、各自署名押印のうえ、各1通を保有するものとする。

平成○年○月○日

住所

氏名　　B　　　　　㊞

住所

氏名　　C　　　　　㊞

以上

（関戸勉）

相続人160名の遺産分割につき審判により解決した事例

Ⅰ　事　例

被相続人Ｓは昭和27年12月に死亡した。財産は自宅の土地と農地である。

その当時の相続人は先妻の子３名と後妻の配偶者であった。

子３名はその後順次死亡し、次の代は子も死亡するなどし、下記図のとおり平成30年には22名となっていた。また、子のいない配偶者もその後死亡するなどし、その相続人はその甥、姪やその子孫であり、下記図のとおり、平成30年には138名となっていた。

相続人は計160名である。Ｓのひ孫のＫがＳ家を継ぎ、自宅土地に居住して農業を継承していた。Ｋは平成30年、遺産分割調停の申立をした。調停申立前に相手方相続人のうち、132名からは下記形式の「Ｋに対する相続分譲渡証書」の交付を受けていたので、実質27名を相手方として、宇都宮家庭裁判所に調停の申立をした。

Ⅱ　論　点

1　申立人は、調停又は審判により土地を取得できるか

Ⅲ　解　説

(1) 調停の経過

調停期日の開始前、裁判所は相手方らに対し、相続分を放棄するか否かの調査票を送付したところ、10名の相手方から放棄の回答があり、また、１名の相手方から相続分をＫに譲渡するとの回答を受け、11名は調停審判手続から除外された。２回調停期日が開かれたが、出席者は１名のみで、その人は手続が理解できたとして、結局は相続分を放棄した。２回目の調停後は裁判所は調停に代わる審判をするとして、残る14名につき「遺産はすべて申立人が単独取得する」との審判がなされた。審判は令和

元年９月２日、同年11月確定。

(2)コメント

相続人が多数の場合、相続人が一堂に集まることは困難であることから、相続人全員が合意する形式の遺産分割協議書の作成は困難である。そこで、各相続人から「相続分譲渡証書」の交付を受ける方式が効果的である。本件においては、相続分の譲渡証の取得は調停申立前約２年がかりで、63名分は地元の司法書士が取得していた。97名分を代理人弁護士が引き継いだ。代理人は「相続分譲渡証書」の交付の協力要請文を残る97名の相続人に出したところ、多くの相続人は被相続人との相続関係が分からず、「なぜそんなことに協力しなければならないのか。財産の価格が高いから、こんなことをしているのだろう。時価を明らかにせよ」などの意見があり、代理人弁護士として、対応に苦労した。幾人かには実費や相続分価格の代償金を支払って了解を求めたことにより、97名のうち69名の人から譲渡証を取得することができた。

結局、28名の人からは相続分譲渡証の交付を受けることができず、28名を相手方として調停の申立をすることとなった。28名の相続人の１人は相続人がいなかったため、その人については相続財産管理人の選任をした。そして、司法書士に相続財産管理人になってもらい、その人からは相続分をＫに譲渡するとの意見書を出してもらうことができた。

審判は、固定資産税土地評価証明書の全額の各相続人の相続分割合の代償金の支払が命じられることを予想したが、審判の結果は無条件で申立人に土地全部を取得させるとの内容であった。これはいずれの相続人からも代償金取得の意見がなかったためと思われる。

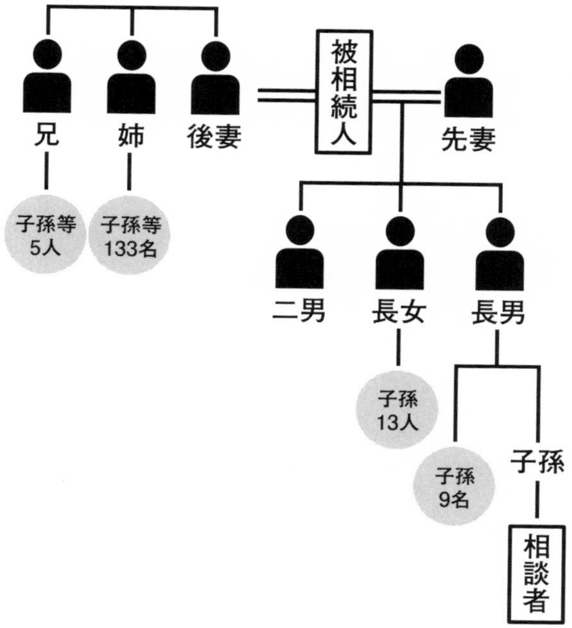

【相続分譲渡届出書記載例文】

私は、自己の相続分を、相続人(氏名)○○○○に譲渡しましたので、相続分譲渡証書を添付のうえお届けします。つきましては、本手続の当事者ではなくなる裁判(排除決定)がなされても異議ありません。

排除決定に対して即時抗告をしません。

【相続分譲渡届出書例】

平成　　年(家　)第____号

●●家庭裁判所　御中

申立人 ________________ 外　　名

相手方 ________________ 外　　名

相 続 分 譲 渡 届 出 書

私は、自己の相続分を、（氏名）___K___に譲渡しましたので、相続分譲渡証書を添付のうえお届けします。つきましては、本手続の当事者ではなくなる裁判（排除決定）がなされても意義ありません。

排除決定に対して即時抗告をしません。

平成____年____月____日

住 所 ______________________________

氏 名 ________________________ （実印）

（捨印）

※必ず、相続分譲渡人本人の「印鑑登録証明書」を添付してください。

（関戸勉）

第4章

相続の承認・放棄

―― 事例15 ――

相続の方法として限定承認を選択した事例

Ⅰ　事　例

被相続人は父Xであり、相続人は長男甲及び二男乙である。Xには4,000万円相当の自宅不動産と約100万の預金があり、大きな債務は明らかになっていない。しかし、甲と乙は、いずれも被相続人とは長年音信が途絶えていたものの、Xは長年様々な事業をしていたことは知っており、事業上の債務や保証債務が後に判明するのではないかと心配している。

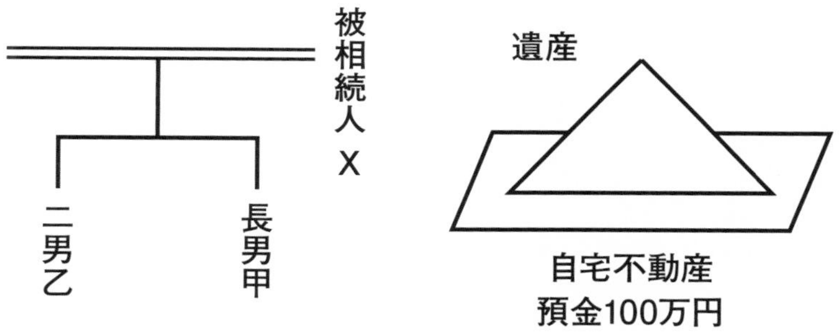

Ⅱ　論　点

1　熟慮期間伸長の申立

2　熟慮期間の起算点

3　限定承認のメリットとデメリット

4　相続放棄をして相続財産管理人の選任を求める場合のメリット・デメリット

Ⅲ　解　説

(1)熟慮期間の伸長の申立

相続放棄には、相続の原因となる事実の発生及び自己が法律上相続人となったことを知った時から３か月の熟慮期間がある（民法915条１項本文）。この除斥期間は裁判所の審判で延長することが可能である（同条同１項但書）。したがって、３か月の除斥期間内に、被相続人の遺産が債務超過か否かの判断がつかない場合には、家庭裁判所に熟慮期間の延長の審判を申立てるのが一般的である。その場合、熟慮期間の延期は１回の申立てごとに６か月、数回申立てることもできるが特殊な事情がない限り、通算２年程度が限度とされている。

(2) 死後3か月経過後の相続放棄

もっとも、熟慮期間を伸長しその間に債務の存在が判明しなかったため、単純承認をしたところ、その後になって債務の存在が判明するという可能性も否定できない。例えば、被相続人が第三者の保証人になっていたという場合には、主債務者が支払いをしている限り、保証人に対する請求はなされず、相当期間経過後に主債務者が経済的に破綻し、突如保証人の相続人に対して請求書が届くというケースも考えられる。そのような危険性を心配する相続人らに対してどのようなアドバイスが可能か。

この点、死亡を知ってから３か月以上経過していても、熟慮期間の起算点を債務を知った時点と相続放棄申述書に記載すれば、家庭裁判所は比較的緩やかに相続放棄の申述を受理する傾向にある。相続放棄が受理されれば、債権者も請求を断念するというのが一般的ではある。

しかし、家庭裁判所が相続放棄の申述を受理したとしても、それ自体に確定的な効力はないため、相続放棄後に貸金請求訴訟が提起され、訴訟で相続放棄が無効とされたケースも散見されることは事例18の解説の通りである（東京地判平成28・６・２平成27年（ワ）35063号公刊物未登載〔29019038〕等）。

したがって、債務が判明した時で相続放棄をすればよいというアドバイスは適切でない。

(3) 限定承認

遺産はあるものの、相続人が債務の存在を心配し相続をためらう場合には限定承認をという選択がある。

限定承認は、積極財産は相続したうえで、相続した財産の範囲でしか債務に責任を負わないという、言わばいいとこ取りの制度であるが、実務的には限定承認が選択される事例はまれである。その理由の1つは、限定承認に精通している実務家が少なく、放棄か承認かいずれかを勧めることが多いこと。もう一つは、限定承認にもデメリットが存在することである。

限定承認のデメリットは2つある。

一つは、譲渡所得税の課税である。限定承認をすると相続財産たる不動産はその時点で譲渡したものとみなされ（所得税法59条）、売却しなくても譲渡所得税が発生する可能性があり、その場合、相続発生後4か月以内に所得税の準確定申告をする必要がある。いずれ不動産を売却する予定であれば、課税の時期が早くなるだけと割り切ることもできるが、売却の予定がない物件の場合には譲渡所得税が打撃となる可能性がある。

二つ目は、資産の譲渡方法の制限である。限定承認者が、債務の弁済のために遺産を処分する必要がある場合には、競売に付さなければならない旨が定められており（民法932条本文）、任意の売却については規定がない。競売による売却では、売却代金が任意売却よりも下がる可能性が高い。

もっとも、実務的には限定承認者又は相続財産管理人によって任意売却が行われることも少なくない。

しかし、任意売却は法律の規定には反しており、後に債権者から損害賠償を請求される可能性が否定できないし、そもそも、限定承認者が任意売却を行った場合には法定単純承認だと主張される危険性も否定できない（民法921条1項、3項）。したがって、任意売却を行う場合には、最低限知れた債権者の同意を得る必要がある。

一方、限定承認のメリットの一つに先買権がある。すなわち、限定承認者は、家庭裁判所の選任する鑑定人の評価に従いその価額を弁済することによって、競売を止めることができる。その結果、例えば自宅をどうしても残したい場合に、相当の対価さえ支払えば、その希望は実現できるのである（民法932条但書）。

(4) 相続放棄したうえで相続財産管理人を選任する場合の問題点

特定の遺産を残したいという場合に前述の限定承認の代替として検討すべき手続として、相続人全員が相続放棄をしたうえで相続財産管理人を選任し、相続財産管理人からその遺産を購入するという方法がある。

この方法による場合、前述した限定承認のデメリットを回避することが可能である。

すなわち、限定承認の場合のようにみなし譲渡課税はされないし、相続財産管理人が不動産を売却したとしても、譲渡益に対して課税されないのが実務である。

しかし、不動産を確保するためには、相続財産管理人から買い取る必要があるが、相続財産管理人は高値で売却しようとするから、必ずしも買い取れるという保証はない。

また、結果として実は債務より遺産が多かったという場合にも、残余の財産を取得することは難しい。この点、相続放棄をしたうえで、特別縁故者に対する財産分与を求めるという方法も考えられ、実際に相続放棄した相続人に対する分与を認めた裁判例も存在する。しかし、相続放棄した相続人に当然に分与が認められるというものではなく、特別縁故者と認められるか否か、また認められるとしてもどの程度の分与が認められるかを見通すのは困難である。

〔参考判例〕

①広島高岡山支決平成18・7・20家月59巻2号132頁〔28130329〕

出生以来永年住居をともにし、婚姻後も3日に一度は被相続人宅を訪ね被相続人の生活を気遣っていた。被相続人が肺がんで入院生活を送るようになった後は、約1年間の入院費用を毎月5ないし6万円を支払い、週に一度は見舞いに行っていた等の事情から、相続放棄をした長男に特別縁故者にあたると認められるとして、遺産全ての分与が認められた事例。

このように限定承認と相続放棄とは一長一短の関係にあるため、事案によって使い分ける必要がある。一般論としては、特定の財産を確保したいという場合で、譲渡所得税を気にする必要がないという場合には限定承認を選択すべきである。一方、譲渡所得税の課税が無視できず、負債が多く債務超過が見込まれる場合には、相続放棄したうえで相続財産管理人の買取交渉をするというスキームも選択の余地がある。

(5) 事例の解決

本事例では、財産として4,000万円相当の自宅が存在し、一方負債の存在をうかがわせる事情も存在しなかった。そのため、通常であれば、単純承認してしまってもおかしくない事案であった。しかし、依頼者は元来心配性なところがあり、単純承認してしまって本当に大丈夫かと問われれば、大丈夫だとも答えにくい。また、相続した場合でも自宅は売却するとのことであったため、譲渡所得税についても心配する必要がなかった。そのため、依頼者には限定承認を勧めた。

限定承認は相続人全員が共同で行う必要があるため、甲乙二人から依頼を受けて家庭裁判所に限定承認の申立てをした。家庭裁判所は限定承認の申述受理と同時に相続財産管理人を選任する。この場合の相続財産管理人は原則相続人の一人であるため甲が相続財産管理人に選任された。しかし、実際の相続財産管理業務は当職が代行して行った。

限定承認をした旨の官報公告及び知れたる債権者に対する請求の催告をし、その期間内に債権の申出があったが、その金額は少額のものばかりであった。

問題は、自宅不動産の換価であるが、判明した相続債務がさしたる金額でなかったため、被相続人の預金から支払い、完済して清算手続を完了することができた。そのため、債務を弁済するための弁済ではないという便法で、自宅不動産は兄弟二人２分の１ずつ相続登記をしたうえで、二人の名義で売却した。

結果、売買代金から、債務経費、譲渡所得税等を差し引いた金額を兄弟に２分の１ずつ分配し事件を終了した。その後、被相続人に対する債権を主張する債権者が現れることはなかった。

（福澤武文）

―― 事例16 ――

相続放棄が錯誤によるものであった事例

Ⅰ　事　例

父Aが死亡し、相続人は長女Bと二女Cである。

長女はAと同居していたが、二女Cは15年来A及びBとは交流がなかった。Cの15年前の記憶では、父Aは自営でサービス業をしていたが、相当の借金があって経営が苦しいとの話を聞いていた。

そこでCは、相続開始時かなりの債務があると考えて、相続放棄の申立てをしようとし、まず民法915条1項の期間伸長の申立てをした。しかし、この期間内CはBに債務の内容、積極財産の存在について問い合わせをしたが、教えてもらえないままとなったので、結局遺産内容は不明なまま、相続放棄の申述をした。

しかし、実際には父Aには約2,000万円の預金、有価証券等があったこと、債務はほとんどないことが申述後に判明した。

Ⅱ　論　点

1　錯誤による相続放棄は取り消せるか。錯誤を理由として相続放棄無効の訴えを提起できるか

Ⅲ　解　説

Bが約2,000万円の預貯金等のあることを知りながら、積極財産はないと言い、かつ存在しないところの債務があると述べているときは、これは詐欺に当たり、第三者の詐欺として民法96条2項により相続放棄の意思表示を取り消すことができる。

東京高決昭和27・7・22家月4巻8号95頁〔27440082〕は、共同相続人である長男が抗告人ら兄弟に対し、「財産を分与するからとにかく裁判所へ相続放棄の申述をせよ」と申し向けたことが欺罔にあたり、民法96条1項によって取消し得ると判断した。

Bの行為が欺罔行為という程度でないとき、Cが2,000万円の積極財産を知らなかったこと、多額の債務があると思い込んだことが要素の錯誤にあたり、これを理由として訴えを提起する場合、誰を相手にいかなる裁判をなし得るか。

預金債権は分割債権ではなく、遺産分割を要すると判断した最大決平成28・12・19民集70巻8号2121頁〔28244524〕によると、預金債権につき家庭裁判所に遺産分割の審判を求める申立てをすることになる。家庭裁判所が相続放棄の無効を判断できないとして審判事件として取り扱わないときは、Bに対し、本件遺産である預金につき2分の1の相続分を有することの確認を求めることになろう。その理由として、相続放棄は錯誤により無効であるので、Cは相続人として2分の1の相続分を有する旨述べる。Bが預金債権等を換価処分して消費したときは、Bに対し、損害賠償請求することになる。

福岡高判平成10・8・26判時1698号83頁〔28050668〕は、被相続人が被控訴人会社の株式1万200株を有し、実際には総額1,000万円程度の債務であったのに、同社に利害関係を有する者（被控訴人）と税理士らより、控訴人らが、株券がないので株主の権利を取得できない、多額の債務がある旨言われたことにより、この旨誤信して放棄をしたことは、動機の錯誤があり、この動機の錯誤が家庭裁判所に表明されたり、相続放棄により事実上法律上影響を受ける者に対して表明されているときは、民法95条により、法律行為の要素の錯誤として無効になると解したうえで、本件ではこれが黙示的に表明されているとみる、本件申述には要素の錯誤があると判示した。本事例をこの判例を参考に前記の裁判を提起することになる。

前記の錯誤の主張のほかには、Cの権利主張の方法として、Aの財産を一部でも消費している場合は財産の処分をしたので単純承認をしたとして、相続放棄の申述が無効であるとの主張もなし得るところである。

（関戸勉）

―― 事例17 ――

法定単純承認の限界例
―被相続人の一定の財産の処分をした後に、多額の債務のあることが判明したときに、相続の放棄の申述が受理された件―

Ⅰ 事 例

父が死亡した後、生前入院中であった病院から、入院費当月分15万円の請求を受けた相続人長女は、父が残した現金10万円と自分の金銭をもって、その弁済をした。しかしその後、以前の別な病院から未払い入院代として約150万円の入院代の請求を受けたので、相続放棄をすることとし申述の申立てをした。

Ⅱ 論 点

1 民法921条1号の相続財産の処分に当たるのはどんな財産の処分か

Ⅲ 解 説

僅かな財産の使用が民法921条1号の相続財産の一部の処分に当たらないというのが通説、審判例である。大阪高決昭和54・3・22家月31巻10号61頁〔27452363〕は、相続人が相続開始時2万余円の遺産である現金と相続人らの現金をもって、被相続人の治療費、火葬料等に使用したところ、これより2年6か月後に145万円の債務を請求する訴えがなされてこれを知り、相続放棄の申述をした事案に対し、原審は申述期間が経過しているとして却下した抗告審で、民法915条1項の相続開始があったことを知った時といわんがためには、相続人において、被相続人の死亡の事実を知り、かつ自己が相続人であることを知ったに加えて、少なくとも積極財産の一部又は消極財産の存在を確知することを要すると解すべきであるとしたうえ、些少の金品をもって相続財産（積極財産）とは社会通念上認めることができない、被相続人の火葬費用ならびに治療費の支払に充てたことは人倫と道義上必然の行為であり、公平ないし信義則上やむを得ない事情に由来する旨判示した原審判を取消した。

この決定の理由からすれば、事例の現金10万円で入院治療費15万円の支払は財産の処分とはいえず、150万の債務の相続放棄の申述は受理されるといえよう。

なお、大阪高決平成14・7・3家月55巻1号82頁〔28080226〕は、相続人が相続開始した平成10年4月、被相続人の300万円の郵便貯金を解約し、これと香典等を合わせた493万円を、葬儀費用に273万余円を、仏壇購入に92万円、墓石購入に127万余円に支出したところ、平成13年10月になって信用保証協会から求償金計5,941万余円の通知書が送付されて多額の債務が残っていたことを知り、相続放棄の申述をした件に対し、申述を却下した原審に対する抗告審は、葬儀は社会的儀式として必要性が高く、相続財産から葬儀費用を出す行為は、法定単純承認たる「相続財産の処分」に当たらない、仏壇や墓石を購入することも、死者をまつり弔うことも我が国の通常の慣例であり、明白に法定単純承認たる「相続財産の処分」に当たると断定できない旨判断した。これは財産が葬儀等の祭祀に使用したときは概ね財産の処分に当たらないと判断される事案として参考になるといえよう。

また、大阪高決平成10・2・9家月50巻6号89頁〔28031842〕は、相続人である抗告人らは、他の共同相続人と遺産である土地建物につき、他の共同相続人が土地建物を取得する（抗告人らはこれを取得しない）旨の遺産分割協議をしてその登記を経た後、銀行等に計4,910万円の債務のあることを知り、相続放棄の申述申立てをしたのに対し、原審が申立てを却下したのに対する抗告審は、本件遺産分割協議は相続財産の処分行為と評価でき、法定単純承認理由に該当するが、抗告人らが前記多額の相続債務の存在を認識しておれば、当初から相続放棄の手続を採っていたものと考えられ、抗告人らが相続放棄の手続を採らなかったのは、相続債務の不存在を誤信していたためであり、被相続人と抗告人らの生活状況、他の共同相続人との協議いかんによっては、本件遺産分割協議が要素の錯誤により無効となり、ひいては法定単純承認の効果も発生しないと見る余地があるとして、原審判を審理不尽として取消し差し戻すの判断した。遺産分割協議を処分に当たるとしたうえ、これに要素の錯誤があったと認めたもので、参考にすべき決定である。

（関戸勉）

—— 事例18 ——

相続放棄が受理されたにもかかわらず相続債務について訴えが提起された事例

Ⅰ　事　例

被相続人Ｘは平成20年に死去した。相続人は長男Ａ、二男Ｂ、三男Ｃ、長女Ｄの４名であり、遺産としては自宅土地建物と、Ｘが経営していた甲社を主債務者とする4,000万円の保証債務があった。Ｘの遺産は全てＡが相続するというのが相続人らの共通認識であり、自宅土地建物については遺産分割協議書を作成しＡに名義変更された。

ところが、甲社が信用金庫に対する債務の弁済を延滞したため、信用金庫は、平成24年５月20日、ＢＣＤに対して相続分に応じた保証債務の支払いを求める請求書を送付した。

この請求書で初めて保証債務の存在を知ったＢＣＤは、家庭裁判所に対し、請求書送達日を熟慮期間の起算点として相続放棄の申述をした。家庭裁判所がこの申述を受理したためＢは、受理証明を信用金庫に送ったところ、信用金庫からの請求はなくなったが、しばらくして信用金庫から債権の譲渡を受けた債権回収会社が、ＢＣＤに対して、譲受債権請求訴訟を提起した。

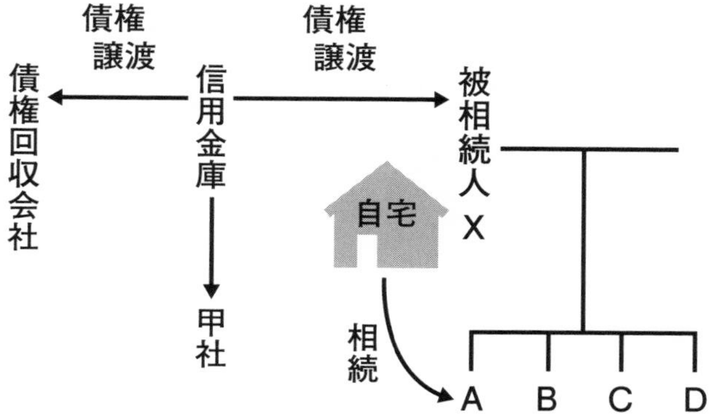

Ⅱ　論　点

1　相続放棄の熟慮期間

2　遺産分割の錯誤無効

Ⅲ　解　説

（1）相続放棄の熟慮期間は、相続開始を知った時から開始するのが原則である（民法915条)。しかし、相続開始を知った時から3か月が経過した場合でも、その後に債務が判明したような場合には、一定の要件を満たす場合には、債務を認識し、又は認識しえた時点を熟慮期間の始点とするのが判例である（後掲昭和59年最二小判)。そして、相続放棄申述書の「相続開始を知った時」として、債務を認識した日付を記載すれば、家庭裁判所は厳しい審査はせずに申述を受理することも多い。申述の受理段階では要件を厳格に解釈することは妥当ではなく、明らかに要件を欠くとは認められない場合や却下すべきことが明らかな場合以外は相続放棄の申述を受理すべきと判示する裁判例も少なくない（福岡高宮崎支決平成10・12・22家月51巻5号49頁〔28041212〕、大阪高決平成14・7・3家月55巻1号82頁〔28080226〕、東京高決平成22・8・10家月63巻4号129頁〔28171361〕)。

そのため、本事例でも、ＢＣＤは、保証債務の存在を知った時を「相続開始を知った時」として相続放棄の申述をし、家庭裁判所も厳格な審査をすることなく申述を受理したのである。

しかし、相続放棄が受理されたからといって、確定的に相続債務を免れることができるということではない。相続放棄の受理には確定的な効果があるわけではなく、債権者は、訴訟を提起して相続放棄の有効無効を争うことができるからである。本事例でも、債権回収会社は、ＢＣＤの相続放棄は無効であるとしてＢＣＤに対して保証債務履行請求訴訟を提起した。

債権回収会社の主張は2つ。1つは、本件では後掲昭和59年最二小判の要件をみたさず、熟慮期間の起算点は相続開始を知った平成20年であるから、本件相続放棄は熟慮期間経過により無効であるという主張である。

前記最高裁の判示は、それ自体、決して緩い要件で熟慮期間の例外を認めているものではない。最高裁が掲げる要件は2つ。①相続財産が全く無いと信じたこと、②信じたことに相当の理由があること、である。

〔参考判例〕

①最二小判昭和59・4・27民集38巻6号698頁〔27000017〕

民法915条1項本文に規定する熟慮期間は、原則として、相続人が相続開始原因たる事実及びこれにより自己が法律上相続人となった事実を知った時から起算すべきものであるが、「相続人が、右各事実を知つた場合であつても、右各事実を知つた時から三か月以内に限定承認又は相続放棄をしなかつたのが、被相続人に相続財産が全く存在しないと信じたためであり、かつ、被相続人の生活歴、被相続人と相続人との間の交際状態その他諸般の状況からみて当該相続人に対し相続財産の有無の調査を期待することが著しく困難な事情があつて、相続人において右のように信ずるについて相当な理由があると認められるときには……熟慮期間は相続人が相続財産の全部又は一部の存在を認識した時又は通常これを認識し得べき時から起算すべきものと解するのが相当である」。

この最高裁の要件①につき、本事例においてBは、文字通りの意味で「相続財産が全く存在しないと信じた」わけではなく、自宅土地建物という積極財産の存在自体は知っていた。このように、財産の一部でも認識していた場合にも前記最高裁の熟慮期間の例外が認められるかが問題となる。

この点については、限定説と非限定説が存在する。限定説は、「財産が全く存在しないと信じ」という前記最高裁の要件を厳格に解し、積極財産の一部でも認識していれば適用されないとする。一方、非限定説は、積極財産の一部を認識していたとしても、すべて他の相続人が相続し自分が相続する財産はないと信じていた場合等にも熟慮期間の例外を拡大する見解である。

『昭和59年最高裁判所調査官解説〔民事篇〕』法曹会206頁では、前記最高裁判例の適用範囲は、相続人の相続財産に対する認識が、積極財産、消極財産ともに存在しないという認識の場合に限って例外を認める趣旨であると解説されている。

この点、近時の判例では、相続放棄申述却下に対する抗告事件においては非限定説をとる高裁判例が多く（東京高決平成26・3・27判時2229号21頁〔28223922〕、福岡高決平成27・2・16判時2259号58頁〔28232671〕)、貸金請求訴訟等の地裁判決でも、限定説をとるとみられる判例（東京地判平成28・6・2平成27年（ワ）2377号公刊物未登載〔29019005〕）も存在するものの、非限定説をとる判例が多くなっているという印象である。

②東京地判平成30・1・30平成28年（ワ）24362号公刊物未登載〔29048962〕

主債務者に対する貸金債権を譲り受けた原告が、被告らが被相続人の保証債務を法定相続分に応じて承継したとして、被告らに対し保証債務の履行を求めたところ、被告らが相続放棄したとして争った事案につき、被告らは被相続人と同居していた長男が相続財産の一切を承継すると考えていたため相続すべき相続財産はないと信じており、被相続人が巨額の債務を負担していたことを知らなかったと認められ、また、被告らは遺産分割協議書に署名押印したものの、これは長男から求められるままに署名押印したに過ぎず、同署名押印をとらえて遺産分割協議が行われたとはいえない上、被相続人らと被告らとの生活状況及び交流状況等によれば、被告らが相続すべき相続財産はないと信じたことに相当な理由があるから、被告らによる相続放棄の申述は有効であり、被告らは被相続人の債務を承継しないとして、請求を棄却した事例。

(2)法定単純承認

債権回収会社のもう一つの主張は法定単紙承認である。

本事例では、Bは遺産分割協議書に調印し自宅をAに名義変更している。これが民法921条1項の財産の処分行為にあたり、結局、相続放棄は無効となるかが問題となる。

この点、他の相続人に相続させるための遺産分割協議書への承認をもって、単純承認と評価する判例もあるが（東京地判平成28・6・2平成27年（ワ）35063号公刊物未登載〔29019038〕)、一方で、相続の法定単純承認は、相続の開始していることを知っていることが要件であり、債務の存在を知らずに遺産分割をした場合には錯誤無効であると判示した判例（東京地判平成27・5・19平成26年（ワ）24450号公刊物未登載〔29022217〕）、また、遺産分割協議書への署名押印をもって遺産分割協議をしたとは評価できないと判示した判例（東京地判平成30・1・30平成27年（ワ）22889号等公刊物未登載〔29049044〕）等、相続放棄者を救済する判例も存在する。

(3)本事例の解決

ＢＣＤは、非限定説を主張したが、前掲昭和59年最二小判の要件のうち、債務が存在しないと信ずるについて相当な理由があるという要件を満たすか微妙な事情もあり、一方で、債権者としても回収リスクがあったことから、債権額の約３分の１の金額で訴訟上の和解が成立した。

（福澤武文）

第5章

遺　言

事例19

遺言の自筆性が争われた事例

I　事　例

被相続人甲は平成25年に85歳で亡くなった。相続人は長男A及び二男Bである。甲には自宅及び複数の貸家があった。甲は、死亡の1年前に公正証書遺言を作成していた。また、その2週間後を作成日付とする自筆証書遺言が存在する。公正証書遺言には全ての財産を長男Aに相続させる旨記載され、自筆証書遺言には二男Bに全ての遺産を相続させる旨が記載されていていた。Bは、自筆証書遺言によって、公正証書遺言は撤回となり無効となったと主張して遺言無効の裁判を提起した。これに対して、Aは、自筆証書遺言は、甲本人の筆跡によるものではなく何者かによって偽造されたものだとして自筆証書遺言の無効を主張して反訴を提起した。

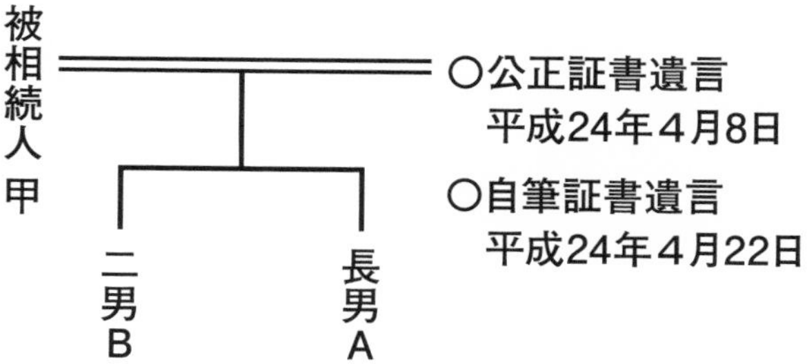

II　論　点

1　自筆証書遺言の自筆性

2　無効主張のための立証活動

3　遺留分減殺請求

III　解　説

1　本件は、相続人らがこぞって被相続人に自分に有利な遺言を書かせる典型的な事例であり、自筆証書遺言の有効性が争点となった事例である。

自筆証書遺言は、全文を自筆で書くことが要件とされるが、この自筆性が争われる事案は少なくない。遺言の自筆性が争われる典型例の一つが、遺言が被相続人以外の者によって偽造されたものだと主張されるケースである。

2　自筆証書遺言の自筆性が争われた場合に、自筆性の立証責任はいずれが負担するかが問題となる。

本事案における自筆証書遺言には、甲の実印で押印がなされており、これについては当事者間に争いがなかった。訴訟上、本人の押印のある文書は民事訴訟法228条4項により本人の意思により作成されたものと推定される。また、本人の印鑑の陰影があれば、本人が押印したものと事実上の推定を受ける。この理によれば、本人の実印による陰影がある以上、遺言書の文書としての真性、すなわち遺言書が本人の意思により作成されたものであることは推定されることになる。

しかし、前記、文書の真性の問題と自筆証書遺言の自筆性とは別問題である。本人の意思により作成されたか否かというのが文書の真性の問題であるのに対し、本人の自筆で書かれたか否かという問題とは次元が異なるからである。したがって、本人の陰影があるから、自筆性が推定されるということにはならず、自筆証書遺言の成立要件は、遺言が有効であると主張する者が主張立証する必要があり（最一小判昭和62・10・8民集41巻7号1471頁〔27800867〕）、自筆性もまた遺言が有効であると主張する者に立証責任がある。

3　問題は立証方法である。自筆性の立証方法としては筆跡鑑定が行われることが多い。各当事者がそれぞれ筆跡鑑定を民間の鑑定業者に依頼し、いわゆる私的鑑定書を裁判所に提出するのが一般的である。事案によってはさらに裁判上の鑑定が行われることもある。

しかし、筆跡鑑定の証拠力については、科学的な検証を経ていないというその性質上、その証明力に限界があると考えられており、裁判実務では、筆跡以外にも、遺言作成の経緯、家族関係、生活状況等を総合的に分析して自筆性が判断されている。

4　本事例においては、遺言者は既に85歳の高齢であったこともあり、自筆証書遺言と公正証書遺言のいずれにおいても、その筆跡はたどたどしく乱れが見られた。また、鑑定のためには対照となる資料が必要であるところ、Aは訴訟の途中経過で、Aに遺産の全てを相続させる旨の甲名義のメモ書を証拠として提出したが、Bはこのメモ書についても甲の自筆ではないと主張したため、結局、有力な対照資料としては公正証書遺言の署名部分しかなかった。

5　また、遺言が作成された背景事情として、Aは、甲が生前Bに対して不信感をもっており、Bには財産を残したくないと述べていたと主張し、甲との会話の様子を録画した動画を証拠として提出した。この動画の中で、甲は、Aから「財産を誰に残したいか」と問われたのに対し、「あんたに任せる」という発言をしていた。

6　裁判では、A、B双方とも私的鑑定を行い、相反する内容の鑑定書をそれぞれ提出した。自筆証書遺言の筆跡と公正証書遺言の署名部分の筆跡とは、素人目にも特徴的な字形が似通っており、またAが依頼した鑑定人はその世界で知名度のある鑑定人であり、作成された鑑定書の内容も非常に分析的であり説得力のあるものであった。双方代理人とも筆跡について鑑定書を補充する主張の応酬を繰り返した。

しかし、裁判所は、Aの裁判上の筆跡鑑定の申立てを却下するなど筆跡鑑定を軽視していたふしがあり、判決においても、筆跡についての分析には踏み込まず、公正証書遺言の筆跡と自筆証書遺言の筆跡及びメモ書の筆跡とは、全体的な特徴は似ており、同一人の筆跡の可能性があるとしながらも、相違する特徴も多く見られるとし、主要な特徴が全て一致しない以上、直ちに自筆証書遺言が甲の自書によるものであるということはできないとした。

また、筆跡以外の事情としては、自筆証書遺言の僅か2週間前にAに全てを相続させる旨の公正証書遺言が作成されていることが重視され、結果として自筆証書遺言の自筆性を否定する判決となった。

7　押印された文書は、その真性が推定されるのに対し、自筆性は推定されない。その結果として、自筆証書遺言の自筆性は裁判で否定されることも珍しくない。本事例でも、筆跡自体は同一人のものと判断されてもおかしくないほど特徴点な部分が類似したものであったが、同じ頃に作成された公正証書遺言が存在することとあいまって、筆跡については厳しい見方となり自筆性が否定されたものである。

（福澤武文）

遺贈又は死因贈与の有無が争われた事例１
―遺言書の写しのみあり、その原本がないため、死因贈与を主張した事例―

Ⅰ　事　例

Ａは、配偶者Ｂと子Ｃと自宅兼店舗に居住していたが、平成 10 年１月弟Ｄに対し、「自宅の土地建物をＤに相続させる」との自筆証書遺言を書き、遺言の内容をＤに述べてその写しをＤに交付した。

Ａは平成 11 年１月死亡し、相続が開始し、Ｄは遺言書の写しをＢに持参して、遺言を書いてもらっているので遺言書原本の交付を求めたところ、Ｂは遺言書原本は自宅にはないとの回答をした。そこで、Ｄは弁護士らに相談をし、Ｂ、Ｃを被告として、主位的請求原因を「Ａより土地建物の遺贈を受けた」として、予備的請求原因を「Ａより土地建物の死因贈与を受けた」として、土地建物の所有権移転登記手続請求の訴えを提起した。

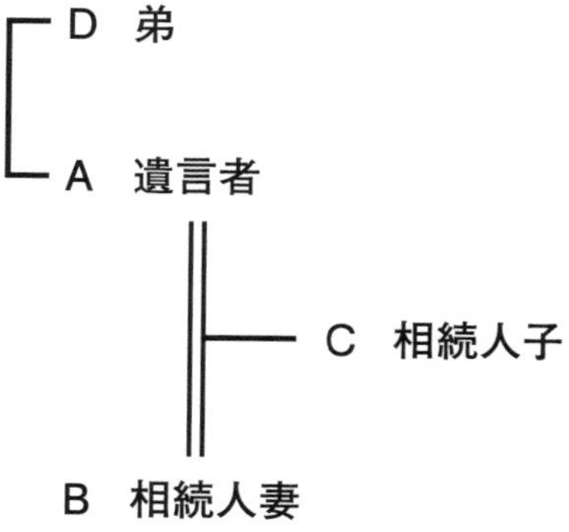

Ⅱ　論　点

1　交付を受けた、遺言書の写しは、遺言としての効力があるか

2　これが遺言としての効力がない場合、これは死因贈与契約の効力があるか

Ⅲ　解　説

(1)訴訟の経過

被告らは、当初は、遺言書は自宅にないし、発見していないとの主張をしていた。原告が遺言書の写しの交付そのものが遺贈にあたる、又は死因贈与に当たることの主張を強調したところ、被告らは、「遺言書はかつてあったが、Ａの心変わりがあり、生前に破棄したのを見た。」と変更し、遺言又は死因贈与は取り消されたとの主張に変更した。

原告はこれに対し、死因贈与の撤回は相手方であるＤに伝える必要のあるところ、Ｄには撤回したことは伝えられていないので、遺言又は死因贈与の撤回はなされていないと主張した。

そこで、遺言書の写しの交付が、死因贈与となるかが争点となり、議論が続けられた。結局平成19年5月土地建物の約半分を原告が取得するとの和解が成立し、終了した。

(2)他の審判例

遺言としての方式を欠いた遺言書が死因贈与となるとする、いわゆる無効行為の転換を認めた判例は、次のとおり多数ある。遺言書の写しの交付が死因贈与に当たるかの判例は見当たらない。しかし、遺言書の写しの交付によって、死因贈与の意思が伝えられ受贈者がこれを認識して受領していれば死因贈与契約は成立していると考えられる。

〔参考判例〕

①水戸家審昭和53・12・22家月31巻9号50頁〔27404999〕

押印のない自筆証書遺言を夫が妻に交付し、その内容を妻が受諾したことにより、死因贈与を認め、死因贈与執行者を選任した事例。

②東京高判昭和60・6・26家月38巻4号69頁〔27407017〕

遺言者の署名を欠く（代筆）公正証書遺言について、直前に行った死因贈与の事実を明確にしておくため公正証書遺言を作成することとしたものであるから、同公正証書を死因贈与の書面と認めた事例。

③広島家審昭和62・3・28家月39巻7号60頁〔27801753〕

日付・押印のない自筆遺言証書が死因贈与契約の成立を証明する文書であることは明らかであるとして、死因贈与契約に基づく死因贈与執行者の選任を認めた事例。

④東京地判平成17・3・25平成16年（ワ）15627号公刊物未登載

日付以外を贈与者が記載し日付を受遺者が記載した自筆遺言証書を贈与者が受遺者に交付したことにより、死因贈与の成立を認めた事例。

⑤東京地判平成19・5・31税務訴訟資料257号順号10720〔28163010〕

夫婦が他方の死亡時に名義のいかんに関わらず互いの財産を継承することを遺言として約する旨の自筆証書遺言の交付が死因贈与契約であると認められた事例。

(3) 相続人がAB二人いる時で、被相続人が甲土地をAに、乙土地をBに相続させるとの自筆証書遺言をしたが、遺言書原本はAが所持していてBに渡さないときのBの相続登記の方法

Bは家庭裁判所に遺言書検認調書の交付を申請し、これの検認調書を登記原因証書として所有権移転登記申請をすれば、法務局は登記の申請を受理する扱いとなっている。

（関戸勉）

―― 事例21 ――

遺贈又は死因贈与の有無が争われた事例２
―遺言公正証書作成前の文案が死因贈与と認められた事例―

Ⅰ　事　例

Ａは平成24年12月死亡したが、法定相続人はいなかった。Ａは従兄妹Ｂ、Ｃと交流があり、同年11月生前病室で、「土地建物の持分をＢ、Ｃに２分の１ずつ相続させる」との公正証書遺言書案を作成して、公証人に作成してもらうようＢに委託し、これを交付した。

公証人は12月中旬に出張で来ることになっていたが、Ａはその前の12月上旬に死亡した。

Ⅱ　論　点

1　交付を受けた、遺言書案が遺言としての効力がなかった場合、これは死因贈与契約としての効力を認められるか

Ⅲ　解　説

(1)不存在財産管理人選任手続の展開

Ａの死亡後、Ｂは特別縁故者の申立てをするため、相続人不存在による財産管理人選任の申立てをし、財産管理人Ｄが選任された。ＯはＢに相続分を譲渡した。

ＢはＥ弁護士に相談をし、Ｂは遺言公正証書案の作成によって死因贈与が成立していると判断、Ｂは財産管理人Ｄに対し、死因贈与に基づく土地建物の所有権移転登記及び引渡しを求めた。Ｄは死因贈与を最初は認めようとしなかったが、ＢがＡより遺言書案の交付を受けて公正証書遺言作成の申込をしたことなど詳細な事実を主張したところ、結局は建物の家賃収入をＤに引渡すことを条件に死因贈与を認める和解案を提案し、Ｄが家庭

裁判所の権限外許可処分を受けて、Bは土地建物の所有権移転登記と引渡を受けることができた。

(2)前記事件の解説

この例は遺言書完成前の遺言書案を受遺者に交付したのであるから、遺言の成立を認めてもよいと考えられるが、少なくとも死因贈与の意思は認められる事例である。

遺言の方式を欠いた遺言書案の交付が死因贈与にあたるかについて、前記事例では相続人がいないため財産管理人が選任され、財産管理人が死因贈与であると認めた事例である。相続人がいる場合には、相続人が死因贈与を認めないときは相続人相手に訴えを提起することになる。

(関戸勉)

―― 事例22 ――

遺言のコピーの自筆性が争われた事例
―ポスターの裏面に書いた遺言をコピー機で写しをとり、写しに押印した遺言書の有効性が争われた事例―

Ⅰ　事　例

被相続人Ａに配偶者Ｂがいて、推定相続人はＢと兄弟のＣらであった。ＡはＢとは別居していて、一人暮らしをしていた。平成25年に職場の友人であったＤはＡから身の回りの世話を求められて、Ａのため買い物や食事作り等をしていたが、平成28年５月３日ＡはＤに「自分の全部の財産をＤにやる」と言って、「Ａの全財産はＡが死去したらＤにさしあげます」と記載した遺言書を交付し、Ｄはこれを受領した。Ａの財産は、居住のマンションと銀行預金であった。平成29年10月３日、Ａは死亡した。Ｃらは12月、相続の放棄をし、Ｂのみが相続人となった。

Ｄは同年11月遺言書検認申立をした。Ｂは平成30年３月、Ｄに対し遺言無効確認の訴えを提起した。その理由は、遺言書はポスターの裏面に書いたものをコピーし、そこにＡが押印したものであるから自筆ではなく、かつＡに遺言能力が欠いているので無効であるとの理由からである。ＤはＢに対し４月23日、所有権移転登記等請求事件の訴を提起し、両事件は併合審理された。

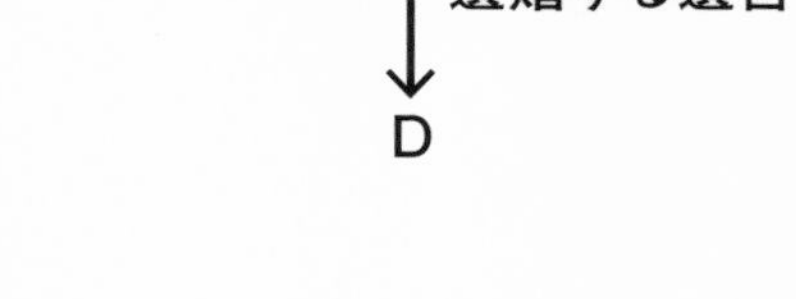

Ⅱ　論　点

1　遺言の写しに押印をした遺言書は、全文の自筆の要式に違反しているか

2　要式に違反している場合、これは死因贈与契約として有効か

Ⅲ　解　説

(1)訴訟の経過

Dは遺贈により、マンションと銀行預金を取得したことを主位的に主張し、予備的に死因贈与によりこれらを取得したことを主張した。

Bは遺言書はコピーに押印したものであるので、自筆証書の要件を欠くことを主張した。

Dの本人尋問を終えた段階で裁判所より和解勧告があり、協議の末、遺産の一定割合を取得するとの和解が成立した。

(2)検　討

カーボン紙に書いた遺言に押印した遺言書はカーボン紙を用いることも自書の方法として許されないものではなく、自書の要件に欠けるところはないとした判例（最三小判平成5・10・19裁判集民170号77頁〔27817054〕）に照らすと、カーボン紙の下に写った文字は自書性が保たれているところ、Aが書いた遺言内容をコピーしたものに押印をしたものであっても、ポスターの裏側に書いた遺言を電子複写機でコピーをしたものも自書性が保たれているのであるから、遺言として認める余地はあるのであり、この点裁判所に判断してほしかったところである。死因贈与としては当然に認めるべき事案である。

（関戸勉）

―― 事例23 ――

公正証書遺言の効力が争われた事例

Ⅰ 事 例

1　Xは、亡父と母の間の二女であり、Yは長女である。
Xは、独身で、亡父の死亡後、母が相続した本件土地建物において母と同居しており、Yは夫Zと別に生活していた。

母は平成24年6月頃、内臓疾患により入院したが、同時に認知症と診断され、入院中しばしば失見当識の言動が記録されていた。同年8月頃より、YとZは、Xに対し、母の希望として本件土地建物からの退去を求めるようになった。

2　同年9月20日、Yは母が望んでいるとして、すべての遺産をYに相続させるという旨の公正証書遺言を作成すべく、公証人を入院先に呼んだが、母がXにも相続させたいと述べたため、その日は作成に至らなかった。

同年10月10日、公証人は再度来院し、Yから事前に頼まれ準備していた下記内容の素案を母に読み聞かせた上で公正証書遺言を作成した。

ア　本件土地建物をZに遺贈する。
　　ただし、Zが母死亡以前に死亡していた時はYに相続させる。

イ　現金、預貯金、有価証券等の金融資産は、XとYに各2分の1の割合で相続させる。

ウ　前記ア及びイを除く一切の遺産は、Yに相続させる。

エ　前記イとウについては、Yが母死亡以前に死亡していた場合はZに遺贈する。

オ　遺言執行者としてYを指定する。
　　付言事項　今後YZに世話になるのでZに遺贈することにした。
　　　　　　　Xは異議を申し立てないでほしい。

3　母は、同年12月30日死亡した。

Ｙは本件遺言通りに執行しようとしたが、Ｘは本件遺言作成時に母が遺言能力を欠いていたこと及び公証人が母に口授をさせなかったことを理由に、遺言無効確認訴訟を提起した。

同訴訟における証人尋問で、本件遺言を作成した公証人は、母が遺言内容を自ら語ったわけではなく、公証人がＹの話に基づき準備してきた素案を読み聞かせたところ、母が納得したので作成に至ったと証言した。

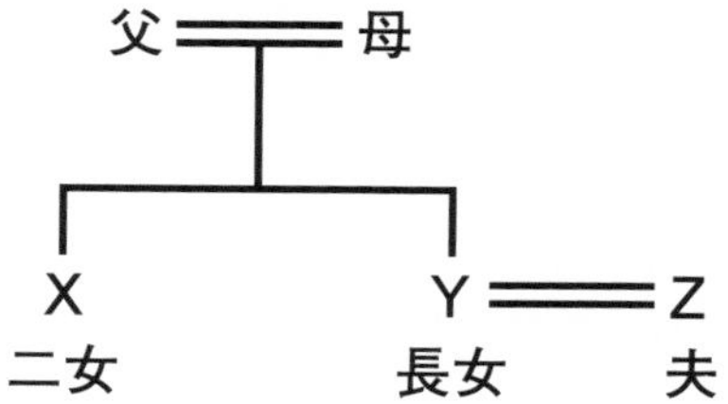

Ⅱ　論　点

1　本件遺言当時、母が遺言能力を欠いていたか

2　本件遺言作成時、口授が法定の方法に従って行われたといえるか

Ⅲ　解　説

1　双方の主張

(1) 遺言能力について

【Ｘの主張】

母は、本件遺言作成時点である平成24年10月当時、認知症の症状が進行し、判断能力が著しく低下しており、遺言能力を欠いていた。

母は、同年６月、入院したが、その際、認知症と診断され、その後、その症状は進行し、記憶障害、失見当識がひどくなり、本件遺言を作成した同年10月（日付は不明）に実施した改訂長谷川式簡易知能評価スケール（ＨＤＳ－Ｒ）の結果は30点中４点であった。

このような状況において、Ｙが離婚すれば他人となるＺに、Ｘが居住する不動産を遺贈するという慎重な判断を要する法律行為は不可能であったといえる。

【Ｙの主張】

公証人は、平成24年９月20日にも公正証書作成のために母の病室を訪れたが、母の意思が事前にＹから聞いていた内容と異なることが判明したため、同日の遺言作成は中止し、同年10月10日、再度病室を訪問し、本件遺言を作成した。

母は、同年７月頃、Ｘに預けていた預貯金が減っていたことからＸを疑い、Ｘの相続分を減らすために遺言をする決意をしたのであり、本件遺言の内容は、その意思に沿った合理的なものであるし、不動産のみＺに遺贈し、金融資産はＸとＹに２分の１ずつ相続させるというもので、特に複雑ともいえない。

このような本件遺言の作成の経緯や内容に加え、Ｙが問い合わせた病院の看護師や公証人が母に遺言の作成は可能であると判断したことなどからすれば、母の遺言能力には問題がなかったというべきである。

(2) 口授について

【Ｘの主張】

公証人は、事前にＹから聞いた内容に従って遺言の素案を作成しており、当日、母にそれを読み聞かせただけで署名押印をさせており、母がその内容を自ら語ったことはなかった。

そもそも素案の内容についても、本件土地建物のＺへの遺贈に関しては、母からその意思を確認したとするＹ・Ｚの陳述書の記載と法廷での供述には齟齬があって、いずれも信用できず、付言事項に関しては母もＹ・Ｚも述べていない公証人の作文であって、母の真意とは認められない。

加えて、仮に遺言能力はあったとしても、母の認知症の進行状況からすれば、その判断能力は相当低下しており、１回の読み聞かせのみで遺言の内容を十分理解したとは考えられないことからすると、本件遺言の作成にあたり、法定の方式に従った口授があったとは認められない。

【Ｙの主張】

公証人は、事前に作成していた素案を病院に持参し、それを母に読み聞かせて本件遺言を作成しているが、読み聞かせに先立ち、その内容に関して母の意思を確認していた。

このような作成方法も、遺言者の真意を確保し、その正確を期すため遺言の方式を定めた民法969条２号の法意に反するものではないから、同号所定の方式に違反するものとはいえず、口授があったと認められる。

2　原判決

本件遺言は有効である。

理　由

（1）本件遺言作成の20日前となる平成24年9月20日、公証人が遺産を全てYに相続させる旨の内容の素案を持参したにもかかわらず、母がXにも少しは相続させたい旨述べたために遺言作成が中止され、その後、本件土地建物をYではなくZに遺贈し、金融資産はXとYが2分の1ずつ相続する旨の本件遺言が作成されており、このような経緯からすれば、母は、相手に迎合することなく、自ら積極的に判断し、その意思を表明することができていたといえる。

そして、本件遺言の内容は、不動産をZに遺贈し、金融資産はXとYに2分の1ずつ相続させるというもので、特に複雑ともいえないし、母のノートには「特にZ頼みます」との記載があって、Zに信頼を置いていたと認められることからすると、少なくとも遺贈の相手がYではなくZであることについては、不合理とはいえない。

以上に加え、X自身、同年10月頃の母について、物覚えが悪くなっていたが、しっかりはしていたと供述していることにも照らすと、前記の症状等によっても、本件遺言作成時の母が遺言能力を欠いていたとまでは認められない。

（2）公証人は、同年9月20日に母と面談してその意思を確認しており、その後、Yからこれとは異なる母の意向を聞いたが、本件遺言作成当日、母にその変更点を確認した上、その内容どおりの素案を読み聞かせたところ、母はそれで間違いない旨を述べたのであり、このような作成手順は、民法969条2、3号の予定する方式そのものとは言い難いが、母の真意を確保し、その正確を期するために十分なものといえるから、全体としてみて、法定の方式に従った口授があったものと認めるのが相当である。

Xは、公証人が、事前にYから聞いた内容に従って遺言の素案を作成し、当日は母にそれを読み聞かせただけであり、母がその内容を自ら語ったこと（口授）はなかったと主張するが、読み聞かせ前に何ら母に対する意思確認がなかったというのは前提を欠くし、前記のとおり、その内容の全てを母が自ら述べなかったことのみをもって口授の適式性が否定されるものではないというべきであるから、前記の判断は左右されない。

3　控訴審判決

本件遺言は無効である。

理　由

原判決の認定事実によれば、

①　本件遺言作成当時、入院中の母には、記憶障害、見当識障害、幻覚等の症状が見られ、本件遺言が作成された平成24年10月に実施されたＨＤＳ－Ｒの結果（４点）は、認知症の程度が相当重度であることを示すものであったこと、

②　本件遺言は、当時、Ｘが居住していた本件土地建物を、二人の子のいずれでもなく、娘婿であるＺに遺贈するといったものであって、一般的には不自然な内容である上、その20日前に、母の意向に基づくものとして準備されていた遺言案とも全く異なる内容であったこと、

③　本件遺言や、その20日前の遺言案は、本件建物からの退去を強く求めるなどＸとの対立を強めていたＹ・Ｚが主導して準備したものであり、Ｙ・Ｚにとって有利な内容であったこと、

④　本件遺言は、６箇条に及ぶ上、付言事項も付された５枚紙のものであり、そもそも１度読み聞かされて直ちに理解できるものとは考え難いこと、

⑤　公証人は、母の認知能力に問題があるとの情報を伝えられておらず、かつ、口授の方式についても、民法969条２、３号の法定する手順とは異なり、Ｙから伝え聞いた情報をもとにあらかじめ準備した素案の内容を読み聞かせるといった手順によっており、母の意思確認に対する配慮が十分でなかったことが認められる。

これらの事実を総合すれば、母は、本件遺言の当時、本件遺言の内容を理解し、その結果を弁識し得るに足りる能力を有していなかったと認めるのが相当である。

4 解　説

本件は、証人尋問にて公証人自身口授は読み聞かせをもって足りると解していたことを認めていたうえ、Y・Zの遺言作成経緯についての公判廷における供述が陳述書と異なる内容で信憑性が疑われ、およそ公正証書遺言が有効とは認めがたい事案であったが、それでも第一審では有効と判断され、公正証書遺言の効力を争うのが如何に困難かを示す事案となった。

(1) 遺言能力について

遺言能力とは、遺言者が遺言事項を具体的に決定し、その法律効果を弁識するのに必要な精神的能力、すなわち意思能力のことである。

遺言能力の有無は、遺言の内容と相関関係にあるものと考えられ、単純な遺言内容については能力が肯定されても、複雑な内容であれば否定される可能性もある。

本件でも目安とされていた改訂長谷川式簡易知能評価スケールは、満点30点のものであり、20点以下は認知症の可能性ありとされる。

〔参考判例〕

公正証書遺言で遺言能力がなく無効とされた判例

①東京高判平成12・3・16判時1715号34頁〔28051928〕

遺言者は88歳9か月。遺言内容は本文14頁にわたる上複雑なもの。

改訂長谷川式簡易知能評価スケールで4点。

自力で行動でき、公証人役場に赴いていること、人物識別能力があったこと等から第一審は、鑑定もせずに遺言能力ありとした。

高裁では鑑定を行い、高度の痴呆状態にあったとの鑑定結果となり、判決は、遺言能力なしとした。

②大阪高判平成19・4・26判時1979号75頁〔28132248〕

認知症で入院中の91歳の高齢者につき、公正証書遺言を無効とした。

第一審（神戸地尼崎支判平成18・10・18判時1979号79頁〔28132249〕）も同一。入院時の大脳ＭＲＩと不穏な言動で認知症の診断がなされ、さらに、肺炎のため遺言書作成の1週間後には危篤状態に至っていた。

(2) 口授について

公正証書遺言作成にあたっては、遺言者が遺言の趣旨を公証人に口授することが必要である（民法969条2号）。この口授とは、言語をもって申述することをいう。民法は、遺言者の真意確保のため、遺言者の公証人に対する口授のあと、公証人がこれを筆記して遺言書を作成することを求めているが、実際には、あらかじめ他人から聴取した遺言の内容を筆記し清書したうえ、作成日当日遺言者に読み聞かせて、遺言者が承認すると口授があったものとして扱う例が多々みられる。

本件では、公証人は、事前にYから聴取した内容に、公証人自らの考えで後継遺贈や付記事項を加筆して清書し、作成日当日は、母からまず遺言内容を聞き取ることなく、準備してきた素案を読み聞かせたうえで承認を取ったものである。この経緯は、Y及び公証人の尋問の結果明らかになったものであるが、このような作成経緯であるにも拘らず、本件遺言を有効と判断した原判決には、相当問題があると言わざるを得ない。

〔参考判例〕

口授がなく、無効とされた判例

①福岡地判平成26・4・30平成23（ワ）735号公刊物未登載〔28282327〕

遺言者は87歳。長期間にわたり重病に罹患し続け、認知症を発症。平成22年12月4日に精神科医師は自己の財産を管理・処分することができない旨を診断。同年7月13日及び12月9日に公正証書を作成。

7月の遺言は遺産を全て前妻の子に相続させるというもの。

12月の遺言は後妻を廃除する内容となっている。

なお、第1遺言は、公証人に対する言語が明瞭であったが、第2遺言は公証人にVサインで表現する方法で作成された。

Vサインは民法969条の2の規定する通訳人の通訳ではないし、口授に代わるものとも言えないとの理由で、第2遺言は無効とされた。

②大阪高判平成26・11・28判タ1411号92頁〔28231919〕

平成10年に一過性脳虚血性発作を起こし、平成15年1月23日改訂長谷川式簡易知能評価スケールで13点、認知症の診断を受けていた。

平成13年、平成17年、平成18年、平成20年の各公正証書遺言がある。平成17年以降の遺言は福祉施設に公証人が出張して作成したものであったが、いずれも以下の理由から無効と認定された。

公証人は、公正証書を作成するに当たって、事前には遺言案が遺言者の意思に合致しているのかを確認したことはない。遺言書の案を遺言者の顔にかざすように見せながら、項目ごとにその要旨を説明し、それでよいかどうかの確認を求めたのに対し、うなずいたり、「はい」と返事をしたのみで、遺言の内容に関することは一言も発していない。

遺言の内容は、数億にも及ぶ多額かつ多様な資産を相続人に分配するもので、相応の記憶喚起及び計算能力を必要とする。遺言者は認知症と診断されたこともあり、記憶力や特に計算能力の低下が目立ち始めていた。公正証書の案をどの程度読めたのかも定かではない。「はい」と返事をしたとしても、遺言の内容を理解し、そのとおりの遺言をする趣旨の発言か疑問が残る。この程度の発言でもって、遺言者の真意の確保のために必要とされる「口授」であったということはできない。

（露木肇子）

―― 事例24 ――

遺言の趣旨が争われた事例

Ⅰ　事　例

被相続人X（平成27年11月に死去）には、遺産として3,000万円相当の自宅土地建物及び預金約6,000万円、時価約2,000万円の株式、現金約1,000万円があり、相続人は、長男A、二男B、長女Cの３名である。

Xは、平成10年に公正証書遺言を、平成26年に自筆証書遺言を作成していた。

平成10年、Aとその家族は、高齢となったX夫婦の介護のため、自宅土地建物に転居しX夫婦との同居を始めた。公正証書遺言はその頃に作成されたものであり、遺産の全てをAに相続させる旨が記載されていた。

ところが、その後、Xの妻が亡くなると、XとAとの関係は悪化し、平成25年にXはAの勧めで老人施設に入居した。その後に作成された自筆証書遺言は、預金と株式の一覧表が印字された紙の余白に、「Aには自宅を渡すので、株とお金は渡さない。」と自書され、日付と署名押印がされていた。

Aは、自筆証書遺言は無効であり全ての遺産は自らが相続すると主張、一方BとCは自筆証書遺言により自宅土地建物以外についてはBとCが2分の１ずつを取得すると主張した。

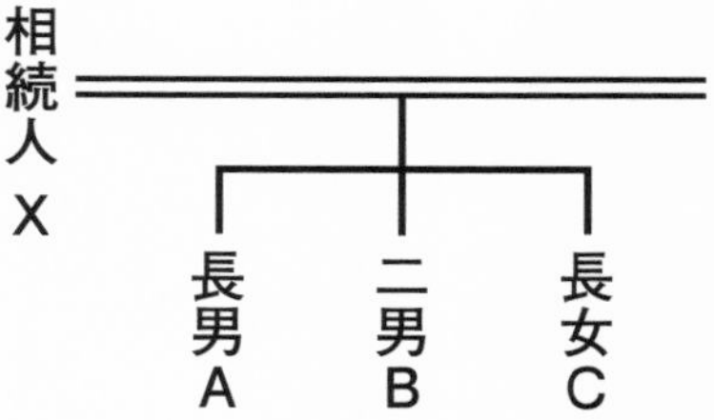

遺産	自宅土地建物	3,000万円
	預　金	6,000万円
	株　式	2,000万円
	現　金	1,000万円

第１遺言　平成 10 年公正証書遺言

第２遺言　平成 26 年自筆証書遺言

Ⅱ　論　点

1　「お金」の解釈

2　「渡さない」の解釈

3　相続させる遺言と特別受益

Ⅲ　解　説

(1)「お金」の解釈

本件自筆証書遺言には、「株式及びお金」とは記載されているものの、預金という記載はない。そのため、特に「お金」が現金だけを指すのか、一覧表に記載された預金債権を含むかが争われた。

ＢとＣは、「お金」には一覧表記載の預金が含まれると主張した。これに対し、Ａは、印刷された一覧表は自筆証書遺言の一部と解することはできないし、仮にそれは遺言の一部だとすれば、自筆性に反するので遺言自体が無効となる、したがって預金は「お金」に含まれず、預金は公正証書遺言によりＡが相続したと主張した。

自筆証書遺言は、弁護士等の専門家に相談せずに作成されることが多く、そのため遺言書の形式に不備があったり、表現が不正確であったり、あいまいであったりするために解釈が争われることが少なくない。しかし、下記最高裁の示すように、実務的には遺言書の表現を一字一句形式的に判断するのではなく、背景事情等を考慮して救済的な解釈がなされることも少なくない。

〔参考判例〕

①最二小判昭和 58・３・18 裁判集民 138 号 277 頁〔27452680〕

遺言の解釈にあたっては、遺言書の文言を形式的に判断するだけでなく、遺言者の真意を探求すべきものであり、遺言書が多数の条項からなる場合、そのうちの特定の条項を解釈するにあたっても、単に遺言書の中から当該条項のみを他から切り離して抽出し、その文言を形式的に解釈するだけでは十分ではなく、遺言書の全記載との関連、遺言書作成当時の事情及び遺言者の置かれていた状況などを考慮して遺言者の真意を探求し当該条項の趣旨を確定すべきものとされている。

したがって、遺言書の文言や形式に若干問題があったとしても、遺言者の真意が実現されるべく主張立証を尽くすべきである。

例えば、実際の事例としては、「不動産及び不動産の総てをあたえる」との自筆証書遺言につき、「不動産の総て」とは「動産」の誤記である可能性があり、遺言が書かれた背景事情から遺産の全部を遺贈する趣旨の遺言であると判示された事案（東京地判平成22・3・12平成21（ワ）5209号公刊物未登載〔28282328〕）。また、「○丁目の三階建貸店舗一棟は○に遺す」と記載された自筆証書遺言につき、店舗の敷地が遺贈の対象となるか争われた事案につき、遺言が書かれた背景事情から、建物と土地を一体として遺贈する趣旨と解するのが相当とした事案（東京地判平成24・5・17平成22（ワ）37981号・平成22（ワ）45300号公刊物未登載〔28282329〕）がある。

また、第三者作成の図面を利用した自筆証書遺言について、「遺言の対象や内容を明確にするために写真・図面及び一覧表等を用いること一切を否定するものではなく、遺言者が図面等を用いた場合であっても、図面等の上に自筆の添え書きや指示文言等を付記し、あるいは自筆書面との一体性を明らかにする方法を講じることによって、自筆性はなお保たれ得るものと解するのが相当である」として、自筆証書遺言の有効性を認めた判例がある（札幌高決平成14・4・26家月54巻10号54頁〔28072696〕）。

そこで、BとCは、一覧表は自筆で記載されたものではないが、敢えて一覧表上に本件自筆証書遺言が記載されていることから、一覧表は本件自筆証書遺言と一体のものといえ、その趣旨はAに「渡さない」ものを列挙したものであり、「お金」とは一覧表に記載された預金を意味すると解するのが相当であると主張した。

(2)「渡さない」の解釈

また、本件自筆証書遺言の「渡さない」という文言の解釈についても争いとなった。

ＢとＣは、「渡さない」とは、Ａには株式と預金は一切相続させないことを意味し、Ａが相続しない結果として、残る相続人ＢとＣに２分の１ずつの割合で相続させる趣旨の遺言であると主張した。これに対し、Ａは、仮に本件自筆証書遺言が有効であるとしても、「やらない」と書かれているのみで、誰に相続させるとも書かれていないのであるから、公正証書遺言の一部撤回にすぎず、預金と株についてはＡＢＣが各３分の１の割合で相続すべきと主張した。

(3) 特別受益の主張

仮に、「渡さない」が遺言の一部撤回を意味するに過ぎない場合には、さらに預金及び株式の分割にあたり、Ａが公正証書遺言によって相続した自宅不動産が特別受益となるか、また仮に特別受益にあたるとして、持戻免除の意思表示が認められる事案か否かが問題となる。この点、平成30年相続法改正は1046条１項で、特定財産承継遺言も遺留分の対象となりうることを明かにしている。

特別受益に該当するとすれば、自宅土地建物3,000万円は持戻計算がされるため具体的相続分は以下の通りとなる。

みなし相続財産	自宅土地建物3,000万＋預金6,000万＋株2,000万 ＋現金1,000万＝１億2,000万円
具体的相続分	１億2,000万÷３＝各4,000万円

ＢとＣは、Ａの自宅不動産の取得は特別受益にあたり、また、「渡さない」という自筆証書遺言の文言から持戻免除の意思表示がないことは明らかであるとし、持ち戻しの結果、株式及び預金はＢとＣが相続すると主張した。一方、Ａは、自宅不動産の取得が特別受益にあたるとしても、ＡがＸらの介護のために同居生活を始め、実際に15年間にわたってＸと同居をしていた事情等から持戻免除の意思表示が認められる事案であると主張した。

(4) 事案の解決

本事例では、裁判外の協議では解決ができず、ＢとＣがＡに対して遺産分割調停を申し立てた。

Ａは、自筆証書遺言に預金は含まれないと主張していたが、この点についてはＡが譲歩し、一方で、「渡さない」の解釈についてはＢ、Ｃが譲歩し、特別受益については両者が譲りあう内容で遺産分割調停が成立した。

（福澤武文）

遺言執行が困難な事例

Ⅰ　事　例

遺言者Aは下記の遺言をし、5年後に死亡した。

遺言「私所有の土地建物を社会福祉法人Bに遺贈する。これを老人福祉施設を建設して使用してください。遺言執行者としてCを指定する。」

Cは遺言執行に着手して、B法人に施設建設の件を伝えて所有権移転登記をした。また、Cは租税特別措置法40条による承認願を国税庁長官に提出した。しかし、B法人からは今すぐに施設を建設する計画は無いし、その資金も無い旨伝えられた。他方、国税局からは土地建物を公益の目的に供する旨の具体的計画書が提出されていないとして承認しない旨述べられた。

Ⅱ　論　点

1　遺言能力、要式が欠けているとしてその有効性が争われる例

2　遺留分が請求される例

3　遺言内容が実現し難いものや、実現に費用手続を要するもの

Ⅲ　解　説

(1) 遺言能力、要式が欠けているとしてその有効性が争われる例

遺言者の遺言能力が無いこと、遺言の前提事項につき遺言者に錯誤がある、公正証書遺言で遺言者の「口授」が無かったこと、自筆証書の全文が自筆でなかったこと等が争いとなったときは、遺言の執行は困難となる。その例として、本書においては、事例22、23、26を参照されたい。

(2) 遺留分が請求される例

遺留分の請求がなされても、財産の取得者による不動産の登記や預金の解約払戻しをすることはできるので、この限りでは遺言も執行することはできる。しかし、遺留分の請求の通知が預金先の銀行にもなされ、銀行が

この通知を尊重して、取得者だけの解約払戻しに応じないときは遺留分権者と話し合いをつけないと払戻しの実現は困難となる。

しかし、今回の民法遺留分規定の改正により、遺留分侵害額請求権となったことから、新法の下ではこの問題は生じない。

(3)遺言内容の実現に費用、手続を要する事例

「私所有の土地建物を社会福祉法人Bに遺贈する、これを老人福祉施設を建設して使用してください。遺言執行者としてCを指定する。」等の遺言は受遺者において施設を建設する費用や手続を要し、実現が困難となる。このような遺言において、遺言作成前に受遺者が受け取る意思があるのか、打診するのが望ましい。また、受け取る場合次に述べる公益事業の用に供することとその課税関係について説明をするのが望ましい。

また、不動産のうち特に土地の公益目的事業法人への遺贈については、値上がり利益分につき所得税法59条譲渡所得税が遺贈者の相続人に課せられる(包括遺贈のときは受遺者法人に課せられる)。

これが課税されないためには租税特別措置法40条による国税庁長官に不動産を公益目的事業の用に直接供する旨の承認願を出し、その承認を受けなければならず、その承認の条件も同法と同法施行令25条の17で定められているので、注意を要する。

そして、この租税特別措置法40条は、遺贈の場合のほか、公益目的法人に生前贈与するときも、同じく承認願を出して、国税庁長官の承認を受ける必要がある。

なお、国又は地方公共団体への財産の贈与、遺贈は同法40条により非課税となっている。

(関戸勉)

―― 事例26 ――

処分清算型遺言の有効性が争われた事例―不動産を遺言執行者が換価処分して、その代金を相続人らに分配する遺言の有効性が争われ、これを有効と認めた裁判例―

Ⅰ　事　例

1　Aは平成21年2月下記のような要旨の遺言をし、平成23年4月死亡した。相続人は長男Bの子Eと二男C、長女Dである。遺言者の相続関係は下図のとおりである。

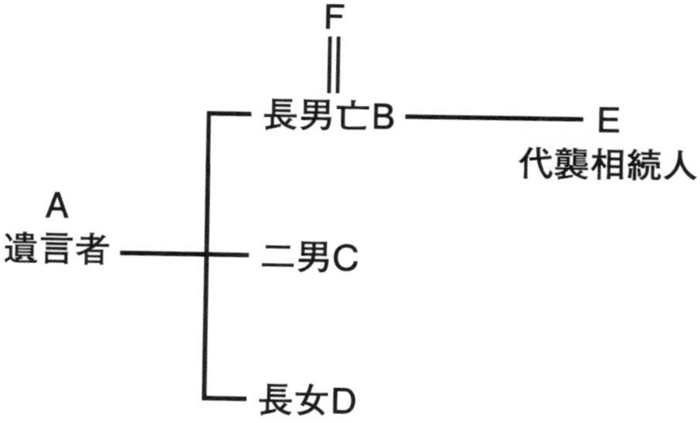

2　財産は3筆の土地約400㎡（時価約1億円）、この土地上の自宅2階建居宅床面積約100㎡、共同住宅床面積約200㎡、預金等約1,500万円である。

3　遺言の要旨

（1）「遺言者は、その所有する下記不動産及び金融機関等に預託等している遺言者名義の預貯金債権等を含む遺言者が所有する財産全部について、遺言執行者をして、これをすべて換価し又は払い戻し、その得られた金銭と遺言者の手許現金の合計額から、遺言者の葬儀・法要等に要する費用、遺言者が支払うべき未払いの債務・租税公課、この遺言の執行に要する費用（不動産の売却に要する一切の租税公課と費用等を含む）、相続税相当額及び相続税申告に要する費用等を控除した残金を、次の者に次の割合で相続させ又は遺贈する」

（２）（取得者と取得割合の表示）

Ｅに４分の１、Ｃに４分の１、Ｄに４分の１相続させ、Ｆ（Ｂの妻）に４分の１遺贈する。

（３）Ｄは、前項の財産を相続する負担として、前項記載の不動産を換価処分するため、この遺言の遺言執行者が決めた期限までに現在居住する建物を明け渡すものとする。

（４）この遺言の遺言執行者として前記Ｆを指定し、「この遺言の内容を実現するために遺言者名義の不動産を換価等し、遺言者名義の預貯金等の払戻し、解約、名義変更等を行なうために必要な一切の権限」を付与する

Ⅱ　論　点

1　遺言執行者は、遺言にかかる物件につき、相続人の同意を得ることなく、相続人の法定相続分による相続を原因とする所有権移転登記ができるか

2　また、遺言執行者として遺言物件を第三者に売却して、第三者への移転登記手続ができるか

3　前記１の所有権移転につき、相続税、譲渡所得税は取得名義人が負担するのか

Ⅲ　解　説

(1)訴訟の経過

Ｆは、自宅建物に居住しているＤに対し、建物明渡請求事件を立川簡易裁判所に提起し、３回の弁論期日を経て、Ｄは本件建物を明け渡せとの判

決を受けた（立川簡判平成24・12・13平成24年（ハ）471号公刊物未登載）。Ｄは東京地方裁判所に控訴した。

この事件の控訴と同時にＤはＣと共にＥ、Ｆに対し、遺言無効確認請求事件の訴えを東京地方裁判所立川支部に提起した。

遺言無効確認請求事件の訴えの請求原因の要旨

ア　本件遺言作成当時、Ａは認知症であって、Ａには遺言能力はなく、本件遺言は無効である。

イ　本件遺言には重大な錯誤があり、本件遺言は無効である。

ウ　本件遺言はＡの公証人の口授の要件を欠いており、無効である。

エ　本件遺言は、次の理由により執行不能である。

本件遺言により、Ｅ、Ｃ、Ｄの不動産に対する持分権が確定しているので、遺言執行者Ｆは本件土地建物をＣ、Ｄの承諾のないまま売却することはできない。また、本件建物はＤを含めた共有関係にあり、持分権に基づく占有使用権はあるので、遺言執行者ＦはＤに明渡しを請求できない。これの遺言執行はできないので、遺言は無効である。

東京地判立川支判平成26・６・27平成24年（ワ）3090号公刊物未登載〔28282487〕

判決主文

原告の請求を棄却する。

前記エに対する理由　原告らは本件遺言が執行不能であると主張するがこれも理由がない。

ＣとＤは控訴をし、控訴審において、平成27年３月ＣＤＥＦ間で、遺言で指定した相続分割合による遺産分割をする旨の和解が成立した。

(2)登記について

清算型遺言において、遺言執行者は相続人の同意を得ることなく不動産の売却処分ができるか、また、改正民法1015条は「遺言執行者がその権限内において遺言執行者であることを示してなした行為は、相続人に対して直接にその効力を生ずる。」と定めるが、登記が当然にできるという文言ではない。

昭和45年10月５日民甲4160号民事局長回答と昭和52年２月４日民三

773号民事局回答により、遺言執行者は相続人を代理することから、法定相続人名義のまま執行者の名において相続登記をし、これを第三者に売買による所有権移転登記ができるとする。法務局はこれと同じ扱いをし、遺言執行者単独での登記を受理しているとのことである。しかし、法曹会の決議も法務局の扱いも、民法の条文からはそのとおり読み難いのであり、実務の安定のためにも最高裁の判断が待たれるところである。

(3)課税の問題

不動産の特定遺贈の場合、土地の値上がり利益につき相続人に譲渡所得税が課税される。遺言執行者が前記の登記をして、その代金を法人に引渡す時も同じである。不動産を取得しない相続人に課税されるのは酷なことから、遺言においては、受遺者に税の負担を定めておくことが一方法である。法人への包括遺贈の場合、法人が相続人と同一地位となることから譲渡所得税も負担することとなる。

(4)居住者への明渡しを求める遺言は執行できるか

本件の簡易裁判所は、遺言のあることを根拠に遺言執行者が居住している者への明渡し請求を容認したが、控訴審では審理しないまま前記高裁の和解が成立したため、控訴審の判断はないままとなったが、遺言執行者が建物の居住者に明渡しを請求する権限があるのか。この点も未解決な問題というべきである。

しかし本件では、相続人Ｄが建物に居住し不動産の売却を反対したにもかかわらず、遺言執行者Ｆが売却を強行しようとしたため、ＣＤは自らの相続分の権利のあることに基づき遺言無効確認の訴訟を提起した。地裁判決では遺言執行者は不動産を売却できる旨認めたが、その理由に触れておらず、大変残念である。

遺言執行者が遺言によって相続人の承諾なく不動産を売却処分できるかは問題となるところであるが、これに関する公刊の判例は見当たらない。

実際の需要としては、相続人がいない人や相続人に相続させたくない遺言者が、老人ホームなど社会福祉法人等に遺贈した例が挙げられる。この場合、前記登記の問題と、課税の問題があるが、少なくとも課税については受益者がそれに応じた課税の負担をするような遺言をするのが望ましい。

（関戸勉）

第6章

民事信託の活用

事例27

高齢者の財産管理問題に対応するための信託スキーム①信託活用のメリット

Ⅰ　事　例

A（65歳）は配偶者が亡くなった後、自宅で一人暮らしをしている。Aの財産としては、自宅不動産（土地・建物）と2,000万円ほどの預貯金の他、老後の継続的な生活費を得るために自宅近くに10室の賃貸アパート（土地・建物）を所有している。Aは年齢による判断能力の衰えが気になりだしており、自分の財産の管理について、手立てを講じておきたいと考えている。Aには長女B（35歳）及び二女C（30歳）がいる。近時、信託を活用した財産管理や承継という話を聞くが、信託活用のメリットとはどのようなものか。

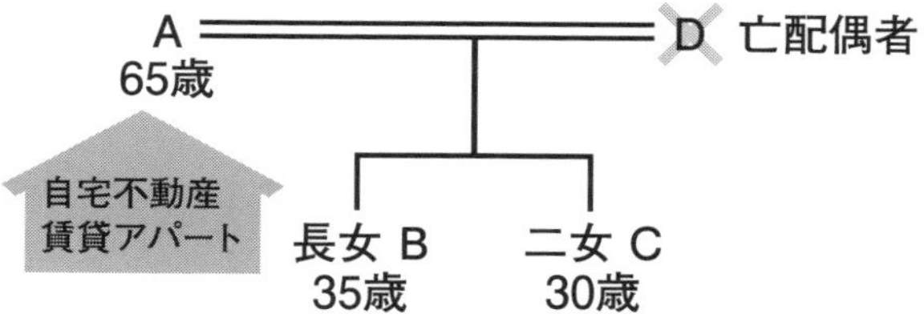

Ⅱ　論　点

1　高齢者の財産管理の方法としての信託活用のメリット

Ⅲ　解　説

(1)任意後見契約、財産管理契約及び遺言との比較

事例のような場合、信託を度外視すると、任意後見契約、財産管理契約及び遺言などによって財産管理及び承継をおこなうことが考えられる。

しかし、任意後見の場合、賃貸アパートについて保守的な管理運用がなされることが考えられ、大規模修繕や建替えなどが適時・円滑に進まない可能性があるとともに、後見人・後見監督人報酬の負担が生じる。Bが後見人となった場合、法律専門家ではないBにとって、裁判所・後見監督人への報告も負担であるといえる。任意後見は財産の管理制度であり、財産の承継について何らかの措置を講じておきたいならば、別途遺言などによって手配する必要がある。

財産管理契約については、かかる契約によってどこまでの財産を誰がどのように管理し得るのか、その監督方法は、法的には財産管理人による管理は準委任契約に基づくものといえるが実質的には信託ではないのか、特に有償（受任者に報酬があること）とした場合には信託業法の潜脱とならないか、といった問題点がある。財産管理契約は財産管理制度であり、財産承継について何らかの措置を講じておきたいのならば、別途遺言などによって手配する必要がある点は任意後見の場合と同様である。

遺言については、財産承継のための制度であって財産管理のための制度ではなく（財産承継の効力が生じるのは遺言者（本事例ではA）が死亡した時である）、本事例におけるAのための財産管理に用いることはできない。

これらに対して、信託は財産の管理と承継の両方について対処することができる制度である。

(2)信託法改正と実務運用の状況

信託の活用については、信託法全面改正（平成18年12月15日号外法律108号）により法整備がなされ、その際に、高齢者や障がい者の財産管理といった福祉型信託の活用が期待されたものの、実務的な運用については、その後の実務に委ねられ、受託者の担い手問題や、信託税制の問題もあって民事信託の活用が進まず、現時点では定まっていない部分も多々ある。実務的な運用が定まらないが故に事案の集積がなく、事案が集積しないが故に運用が定まらないという我が国の福祉型信託の実務の課題が残っていることは認識しておかなければならない。スキームを構築する弁護士としては、そのような信託実務の課題を認識しつつ、依頼者やその家族とともに当該案件が信託とするに適したものであるかどうか、財産関係だけでなく人間関係も考慮して検討する必要がある。

(3) 信託活用のメリット

前記のとおり、信託は財産の管理と承継の両方について対処することができ、平成18年信託法改正による法整備がなされ、特に高齢者や障がい者のための財産管理のような福祉型信託については、信託活用が期待されていたという法改正時の背景もあるから、高齢者の財産管理及び財産承継について相談された弁護士としては、一つの選択肢として依頼者に提示できるようにしておくことが望ましい。信託活用のメリットとしては、以下の点を挙げることができる。

①まず、高齢で自らの財産管理に不安を持つようになった者の財産の管理方法として、法律上の明確な根拠に基づき家族が受託者となって委託者のもとにあった財産を（委託者兼）受益者のために管理・処分することができる。

②次に、信託の活用によって家族が受託者となって財産を管理することにより、高齢者が財産を騙し取られるなどの詐欺や消費者事件の被害者となることを防止することができる。

③さらに、受託者に賃貸不動産の大規模修繕や、さらには建替えまでの権限が与えられていれば、賃貸アパートを有効に活用して柔軟に収益を上げるための措置をとることができる。任意後見では裁判所の監督のもとで保守的な措置しかとりようがなくなる場合が多いことに比べて、柔軟に対応することができる。

④また、任意後見で後見人による財産管理が開始するのは、被後見人の判断能力が認知症などによって後見相当となり、裁判所の後見開始決定（後見監督人も定める）を経てからとなるのに対し（したがって、任意後見人による財産管理が必要な状況となってから実際に任意後見人による財産管理が開始されるまでタイムラグがある）、信託では契約時からでも、信託契約で定める条件成就時・期限到来時からとすることもできる（したがって、受託者による財産管理が必要となってから受託者による財産管理が開始されるまでのタイムラグが生じないようにすることができる）。

⑤信託であれば、高齢者の財産のうちの管理を要する一部分（賃貸ア

パートや、高額な金融資産）とその管理費用のみを信託財産として、他の財産は信託財産とはせずに高齢者が管理・使用を従前どおり続けるという柔軟な対応が可能である。

(4)スキームの組み方

信託による財産管理スキームを検討するにあたっては、具体的事情によりその適否やスキームの組み方が異なることから、上述のような信託の特徴を踏まえて、任意後見や遺言の活用・併用も検討しつつ、依頼者及び受託者候補などの関係者と十分に協議してスキームを構築する。本事例では、委託者となるＡが老後の自宅及び賃貸アパートを含む財産の管理について不安があり、財産管理を担ってもらえる可能性のある子Ｂ及び子Ｃがいるという設定となっているから、任意後見契約や財産管理契約だけではなく、信託の活用が考えられる。

(5)受託者の担い手

信託においては、委託者・受託者間の委託信認関係に基づいて、善管注意義務（信託法29条　２項本文)、忠実義務（信託法30条）等の義務を負う受託者が信託における事務を遂行するのであるから、受託者が誰になるのかは極めて重要である。本事例のような高齢者の財産管理のための信託活用事例では、受託者として、委託者の子や、委託者の兄弟姉妹、甥姪が想定される。適切な受託者の担い手が見当たらない場合には、信託の活用についてはあきらめざるをえない。

弁護士等の専門家が受託者となることができるのかという点については、信託業法の定める信託業の免許（信託業法３条）又は登録（信託業法７条）の規制があることから、実務的には困難である。弁護士等が信託会社を設立して免許又は登録を経ると、信託会社として受託者となることができるが、信託業法に関しては他人の財産を預かるものであることから金融庁の規制が厳しく、黒字経営が難しいといわれている。そのため、実務的に弁護士等の専門家が受託者となることは難しい。

エステートプランニングの一環として信託の活用がさかんな米国でも、弁護士が受託者になることは少ない。弁護士が受託者となることについては、弁護士倫理に反したり利益相反の問題が生じたりしないようにしなければならないという点の他、実務的に、受託者としての任務を専門家として費用対効果のある範囲で遂行することが難しいという理由があるようである（筆者が日弁連信託センターの一員として2019年冬及び夏に米国視察に行った際に、米国弁護士等の信託関係の実務家・専門家から聴取)。弁護士は依頼者からの財産管理及び承継についての業務において信託のスキームを作り信託契約書などの書類の作成に携わるが、受託者となるのは、弁護士ではないことが通常である。僅かに、ボストン近郊などにおいては、弁護士が受託者となることや、弁護士が信託会社を設立してその信託会社が受託者となることも多い。しかし、ボストン近郊においては、歴史的に、貿易関係などで財を成す者が少なくなく財産管理を信用のできる第三者に委ねるニーズがあったことや、銀行がボストンにできるよりも前から弁護士が受託者としての業務をおこなっていたことなどの背景事情・経緯がある。受託者としての任務をおこなう弁護士が所属する法律事務所では、長年の経験と信頼関係を背景に、財産管理だけでなく投資専門の部署を有しているなどの組織化・専門化を図っており、このような組織化・専門化は短期間にできるものではないであろう。

(6) 次項以下について

次項以下において、②信託のスキーム例（事例28)、③課税（事例29)、④受託者の監督（事例30）についてそれぞれ項目を分けて説明する。

（戸田智彦）

―― 事例28 ――

高齢者の財産管理問題に対応するための信託スキーム②信託のスキーム例

Ⅰ 事 例

A（65歳）は配偶者が亡くなった後、自宅で一人暮らしをしている。Aの財産としては、自宅不動産（土地・建物）と2,000万円ほどの預貯金の他、老後の継続的な生活費を得るために自宅近くに10室の賃貸アパート（土地・建物）を所有している。Aは年齢による判断能力の衰えが気になりだしており、自分の財産の管理について、手立てを講じておきたいと考えている。Aには長女B（35歳）及び二女C（30歳）がいる。長女BはAの家から徒歩５分程度のBの持ち家に住んでいて、Aとは頻繁に会うが、二女Cは遠方に住んでいるため、年数回しか会うことがない。Bは大学の法学部を卒業後、地元の自治体に勤務していて安定収入があり、既に持ち家もあるので、親の財産をあてにすることはなさそうであるし、もともと、親が年を取ったときのことを考えて近くに住んでいるので、ある程度の管理を任せてもよさそうだとAは思っている。Cは、現在は遠方に住んでいるものの、将来は実家に戻ってきたいと話しているので、Aの死後は、自宅をCに、賃貸アパートをBに取得させたいと考えている。信託を活用した財産管理や承継のスキーム例としてどのようなものが考えられるか。また、そのような信託の設定方法はどのようになるか。

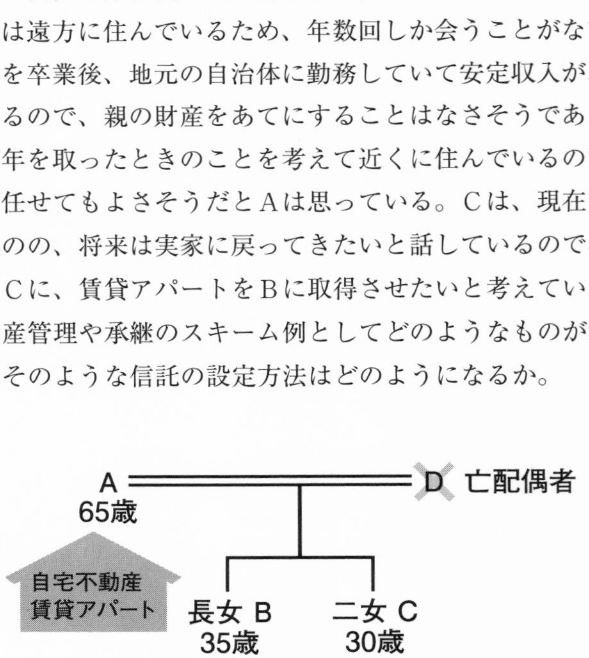

Ⅱ 論 点

1 高齢者のための財産管理における信託活用のスキーム例

2 信託の設定方法

Ⅲ 解 説

(1)スキーム例

①受託者の担い手

事例 27 でも記載したとおり、相談者Aの家族・親族などに受託者として財産を管理するに適する者がいなければ、信託を活用することができない。前記事例では、仮に、BもCも浪費者でAの財産を適切に管理することは期待できず、他に適切な受託者の担い手がいないというのであれば、信託の活用は困難である。このような場合に弁護士などの専門家が受託者となるという選択肢もあればよいのであるが、信託業法上、業として受託者になるには免許又は登録が必要とされており、実務的には、弁護士などの専門家が受託者となることは難しい。信託会社が信託を受託することもありうるが、信託会社は、信託業法上の規制・金融庁の監督に従い、人員及び組織を整えて財産を管理するために費用を費やしているので、小規模な家族信託に比して受託者の報酬が高額になってしまい、費用対効果が見合わないことが想定される。

Aの長女Bは、Aの自宅から徒歩5分程度のところに住んでおり、Aと頻繁に会う関係にあるし、Bは大学の法学部を卒業後、地元の自治体に勤務していて安定収入があるし、既に持ち家があり、Aの財産をあてにすることとなる可能性は少ない状況にあるし、Aとしても長女Bにある程度の財産管理を任せてもよさそうだと思っているのであるから、Aを委託者兼受益者とする福祉型信託の受託者の担い手として適切な者といえるであろう。

②スキーム例

前記事例においては、Aの長女Bを受託者とする以下のスキームが考えられる。

AB間の信託契約により、Aが委託者として、自宅不動産、賃貸アパートとこれらの不動産の管理に必要な金銭を信託財産として受託者Bに託し、Ｂが委託者兼受益者Ａのために自宅不動産、賃貸アパート及び管理のための金銭を管理する。自宅不動産や賃貸アパートについては、Ａが老人ホームなどの施設に入る際に売却できるようにしておくことが考えられる。Ａの死亡により信託は終了することとし、長女Ｂ及び二女Ｃを帰属権利者として、自宅不動産、賃貸アパート及び信託財産中の残った金銭をＢに、自宅不動産をＣに帰属させることとする。

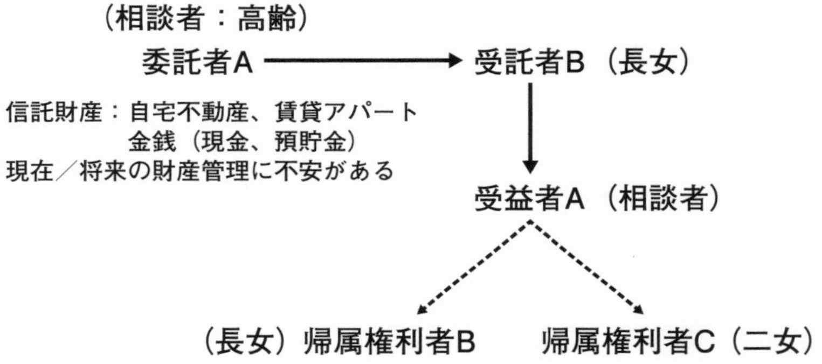

③任意後見契約との比較

任意後見の場合、後見開始にはＡの判断能力の低下を踏まえて裁判所が後見開始の決定を開始するまで後見人による財産管理が始まらないので、Ａから後見人への財産管理にタイムラグが生じる。これに対し、信託であれば信託契約時に効力が生じるとすることや、Ａが満 70 歳に達したときに信託の効力が生じることとするなどというように、始期付や条件付で設定することもできる。後見開始によりＡの全財産が後見人の管理下となるが、信託であれば、前記の事例 27 のスキーム例とは異なり、賃貸アパートと管理に必要な金銭のみを信託財産として、自宅不動産などの他の財産についてはＡに判断能力があるうちはＡが管理・使用するといった柔軟なスキームの設定も可能である。さらに、Ａの判断能力が低下した場合には後見制度を併用することも考えられる。

④消費者被害を防ぐための方策としての信託活用

悪質商法等による消費者被害を防ぐため、Ａの定期預金など大口の預貯金や継続して保有している上場株式については信託財産として管理することとして、受託者Ｂの判断がなければ動かすことができないようにすることも考えられる。信託財産の範囲は信託契約により自由に定めうるから、Ａが日常生活をするための金銭については信託財産とはしないで従来どおり手許に置くことにして、大口の預貯金や上場株式などに信託財産を限定するという手法である。日常生活をするための金銭については受託者Ｂが受益者Ａに信託財産から毎月一定額及び医療費等で臨時に必要となる金銭を交付することとして、Ａが消費者被害に遭う可能性をさらに低減する方法も考えられる。

⑤信託口口座の開設について

この点に関し、近時は、金融機関や証券会社において、信託口口座の開設を一定の社内基準を設けて可能とする方向に動いており、以前のように、信託口口座が開設できないが故に信託設定をあきらめざるをえない事案が減少しつつある。信託口口座開設を検討する場合には、開設を検討している金融機関とも連絡調整をしながら信託設定を進める。信託口口座開設にあたっては、金融機関及び証券会社が公正証書による信託契約書を要求するのが一般的であることから、信託口口座開設を伴う信託設定に当たっては、公証人手数料及び公証役場での手続を経る必要が生じる。

また、前記では預貯金を信託財産にすると単純化して述べたが、法的には、金融機関への預貯金債権自体は譲渡禁止とされているのでそのまま信託財産とすることはできず、実務的には、委託者と受託者が信託の効力発生の際にそれまでの預貯金を解約して払い戻された金銭を新たに開設した信託口口座に預け入れることになる。信託契約書の作成の際には、預貯金をそのまま信託財産とするような条項を設けても、金融機関において信託口口座への移行ができなくなるおそれがあるから、信託契約書作成の際に、金融機関と条項・手続について話し合い調整して、預貯金債権を現金化したうえで信託口口座を開設し信託口口座に金銭を預け入れる手続が円滑に進むように配慮する。

(2) 信託の設定方法について

①信託契約の締結

信託は、遺言によって設定することも、契約によって設定することもできる（信託法３条１号及び２号)。本事例では、委託者兼受益者となるＡ

が、受託者Ｂとの契約により信託を設定する。信託目的は、受益者Ａの生活のための財産管理であり、Ａの生活費を信託財産である賃貸アパートの家賃収入などから給付するとともに、信託財産を維持管理するものとなる。

②公正証書による作成について

信託設定を契約でおこなう場合に、信託法上、公正証書によることは要件とはされていないが、後日の紛争予防や、委託者・受託者の意思確認のために、公正証書によって作成することが望ましい。信託口口座を金融機関において開設する場合には、公正証書によることが実務上求められることが一般的である。公証人が信託実務に明るいとは限らないものの、日本公証人連合会でも、信託に関する研修を実施し信託に即した文例を研究するなどの活動をおこなうとともに、日弁連信託センターとも非公式に勉強会をおこなうなどしている。公正証書により信託契約を作成することや、公正証書遺言により信託を設定する依頼を受けた弁護士としては、信託分野に知識経験のある公証人に案件を持ち込むなどの実務的な配慮をすることも考えられる。

③信託登記

このスキームでは、信託財産に自宅及び賃貸アパートがあるから、不動産についての信託登記を経ることになる。信託登記においては、不動産の所有名義が形式的に受託者であるＢ名義となるが、Ｂが所有者として使用・収益・処分できるのではなく、あくまでも信託目的である受益者Ａのための財産管理をおこなうことになる。

日本では、民事信託の実例が積み重なっていないこともあり、形式的とはいえ所有名義を受託者に移転することを委託者となる相談者が躊躇する傾向にある。信託スキームを作成するなどして関与する弁護士は、あくまでも受託者は信託目的にしたがって管理するために所有名義の移転を受けるだけであって受託者が自由に使用・収益・処分できるわけではないことを、委託者となる相談者に十分に説明し、相談者の理解を見極めたうえで信託を設定するように注意しなければならない。委託者となる相談者や受託者の理解が不十分なままに、信託を設定することは、かえって後日の紛争を招くことになりかねない。

④信託口口座の開設

受託者としては、不動産の管理その他の信託に要する費用を支出できるようにするために、実務的には、ある程度の金銭も信託財産とする必要がある。この点、預貯金については、金融機関との契約で譲渡禁止とされているため、そのままでは信託財産とすることはできないことに注意しなければならない。信託財産としては、預貯金を引き下ろして現金としたうえで現金として信託財産とするか、金融機関との間で信託口口座を開設して受託者が管理することになる。信託契約書においても、預貯金債権を信託財産とするのではなく、現金と記載し、現金として管理するか、信託口口座を開設して管理する旨を記載する。信託口口座の開設に対応している金融機関が増えているものの、対応していない金融機関もあるので、信託設定前に受託者が信託口口座を開設しようと考える金融機関に照会する必要がある。金融機関によって対応が異なるので、その金融機関の信託口口座開設の要件・契約条項についても確認する必要がある。信託口口座開設については、日弁連信託センターが、全銀協など関係諸機関からもヒアリングを入念におこなったうえでのガイドライン作成を進めており、そのようなガイドラインができた場合にはガイドラインを参照することが望ましいし、そのような研究活動を公表した文献・研修に基づいて金融機関と折衝にあたれば、円滑かつ適正な信託口口座開設をおこなうことができるであろう。

（戸田智彦）

―― 事例29 ――

高齢者の財産管理問題に対応するための信託スキーム③課税関係

Ⅰ　事　例

A（65歳）は配偶者が亡くなった後、自宅で一人暮らしをしている。Aの財産としては、自宅不動産（土地・建物）と2,000万円ほどの金銭（預貯金・現金）の他、老後の継続的な生活費を得るために自宅近くに10室の賃貸アパート（土地・建物）を所有している。Aは年齢による判断能力の衰えが気になりだしており、自分の財産の管理について、手立てを講じておきたいと考えている。Aには長女B（35歳）及び二女C（30歳）がいる。Aとしては長女Bを受託者として、自宅及び賃貸アパート、金銭（預貯金・現金）を信託財産として、受益者Aのために財産を管理しAに生活費等を給付する信託を設定することを考えている。A死亡後は、信託を終了し、Bに賃貸アパートを、Cに自宅を帰属権利者として取得させる。この場合の課税関係はどのようになるか。

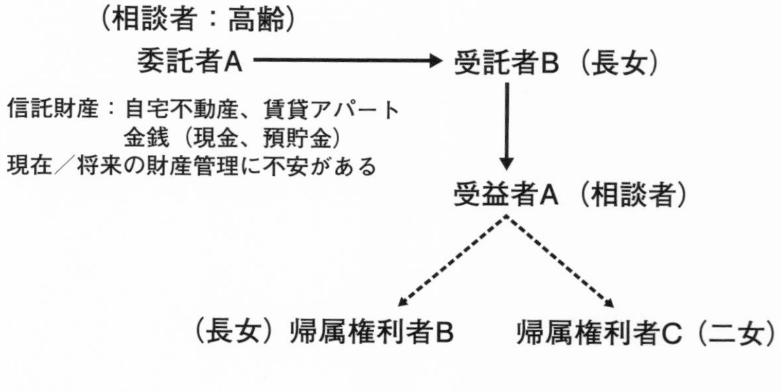

Ⅱ　論　点

1　高齢者の財産管理のための信託における課税関係

Ⅲ　解　説

この信託スキームでは、委託者Aが受益者となる自益信託であり、信託設定時・効力発生時に経済的利益の移転はないから（他方で、A死亡時（信託終了時）に帰属権利者BCに移転）、信託設定時及び信託契約の効力が生じBが信託財産を管理している期間において、ABCに相続税・贈与税の課税は生じない（A死亡時にBCに相続税課税）（相続税法9条の2）。

本事例において信託契約の効力が生じると、自宅不動産や賃貸アパートについて、委託者Aから受託者Bへの信託による所有権移転の登記がなされることになる。この信託による不動産所有権移転の登記の登録免許税については、登録免許税法別表第一の一(十)イ（同法7条1項1号）で不動産の価額の千分の4とされているが、土地については租税特別措置法72条1項2号により令和3年3月31日まで千分の3とする特例が設けられている。信託終了時に、信託財産である不動産の所有名義が受託者から帰属権利者に移転する場合、原則として登録免許税の税率は千分の20となる（登録免許税法別表第一の1（二）ハ）。もっとも、本事例のように、委託者兼受益者であるA死亡時に子BCに名義が移転する場合については、相続の場合と同様に、登録免許税の税率は千分の4となる（登録免許税法7条2項）。信託終了時の信託の抹消登記については、不動産1件につき1,000円となる（登録免許税法別表第一一（十五））。

信託設定時・効力発生時における受託者Bへの所有権移転については形式的な所有権の移転であるとして不動産取得税は課税されない（地方税法73条の7第3号）。信託の終了時における不動産の所有名義の帰属権利者への変更については、原則として百分の4となる（地方税法73条の15）。もっとも、登録免許税と同様に相続の場合と同様に考えて非課税の判断となるケースも考えられるとの見解もある（菊永将浩＝平尾政嗣『事例でわかる家族信託契約書作成の実務』日本法令（2020年）98頁）。

賃料収入及び信託財産の管理に係る費用は受益者であるAに帰属する

ものとして所得税が計算される（所得税法13条）。受託者については、単なる導管に過ぎないというパススルー課税の考え方が採用されており、受託者Bに所得税の課税は生じない。

受託者は、信託期間中、受益者のために信託財産に係る所得税の申告についての事務を担うこととなる。受託者は、財務省令で定めるところにより、信託の計算書を毎年1月31日までに税務署長に提出しなければならない（所得税法227条、所得税法施行規則96条）。所得税の申告については、毎年1月1日～12月31日までの年分の所得の金額を計算する。

なお、信託財産についての不動産所得の損失は生じなかったものとみなされ、他の不動産所得（つまり黒字部分）から差し引くことができず、損益通算の対象とならないことに注意する必要がある（租税特別措置法41条4の2）。これは、委託者Aの賃貸アパートについて、大規模修繕をおこなったとしても、信託を設定しなかった場合のようにその赤字を翌年以後3年間繰り越して通算し、所得税の納税額を圧縮することができないことになる（菅野真美「信託と税金（no.7）賃貸不動産を民事信託した場合の税金の考え方」信託フォーラム3月号（2017年）122頁、及び伊東大佑＝伊庭潔＝戸田智彦＝菅野真美編著『パッとわかる家族信託コンパクトブック－弁護士のための法務と税務－』第一法規（2018年）67頁同税理士共著担当部分）。

Aが死亡して信託が終了し、帰属権利者であるBCが信託財産であった財産を取得すると、当該財産について相続により取得したものとみなされてBCに相続税が課税される（相続税法9条の2）。

なお、小規模宅地等の特例（租税特別措置法69条の4）については、本事例のような家族間の信託にも適用があり、帰属権利者BCへの移転時に要件を満たし手続を踏めば不動産評価額の80％減額などの特例の適用を受けることができる（租税特別措置法（相続税法の特例関係）の取扱いについて（法令解釈通達）〔措置法第69条の4（小規模宅地等についての相続税の課税価格の計算の特例）関係〕69の4‐2（信託に関する権利））。

（戸田智彦）

高齢者の財産管理問題に対応するための信託スキーム④受託者の監督

Ⅰ　事　例

A（65歳）は配偶者が亡くなった後、自宅で一人暮らしをしている。Aの財産としては、自宅不動産（土地・建物）と2,000万円ほどの預貯金の他、老後の継続的な生活費を得るために自宅近くに10室の賃貸アパート（土地・建物）を所有している。Aは年齢による判断能力の衰えが気になりだしており、自分の財産の管理について、手立てを講じておきたいと考えている。Aには長女B（35歳）及び二女C（30歳）がいる。Aとしては長女Bを受託者として、自宅及び賃貸アパート、金銭（預貯金・現金）を信託財産として、受益者Aのために財産を管理しAに生活費等を給付する信託を設定することを考えている。Aとしては子であるBが受託者として信託事務をおこなうことを信頼しているものの、Aが認知症などでBに対して監督できなくなった場合のことを考えると、二女Cに監督をさせたいと考えているが、どのような方法があるか。

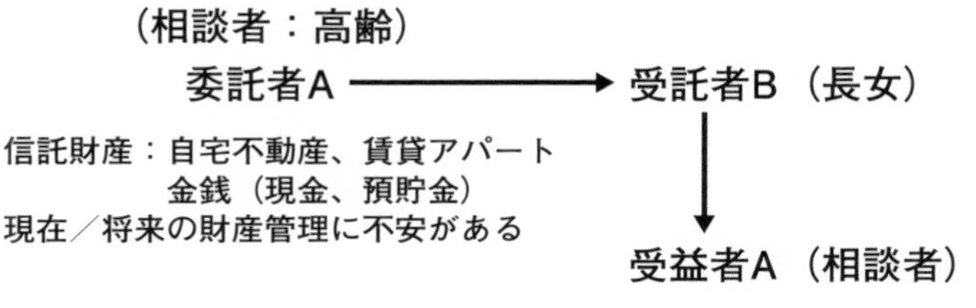

Ⅱ　論　点

1　高齢者の財産管理のための信託における受託者の監督

Ⅲ 解 説

信託においては、受託者は信託事務遂行義務（信託法29条1項）、善管注意義務（信託法29条2項）、忠実義務（信託法30条〜32条）などの義務を負い、受益者が受託者が作成した資料の閲覧謄写等を通じて受託者を監督することが想定されている（信託法38条）。しかし、受益者が受託者を適切に監督できるか否かというと必ずしもそうではなく、特に、受益者が認知症等により判断能力が減退した場合には、受託者を適切に監督することは著しく困難ないし不可能といえる。そこで、信託法では、信託管理人、信託監督人及び受益者代理人という受託者による信託事務を監督するための制度を設けている。このうち、信託管理人は受益者が現に存しない信託において指定される者であるから、本事例では適用されず、本事例では、信託監督人及び受益者代理人の制度を活用するかどうかということになる。つまり、本事例において信託を設定する場合、長女Ｂによる自宅・賃貸アパートなどの信託財産の管理を監督するため、二女Ｃを信託監督人又は受益者代理人とすることが考えられる。

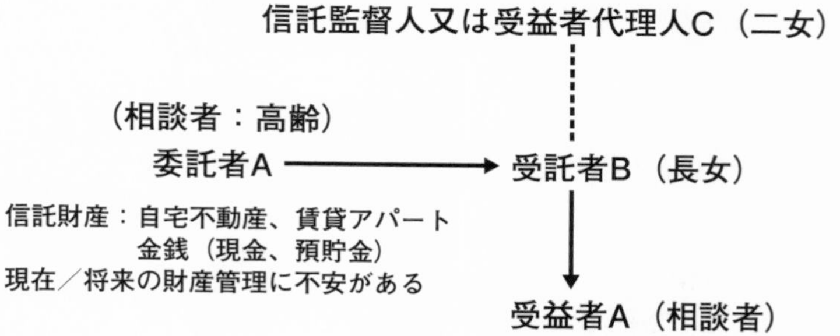

信託監督人と受益者代理人の違いをみると、信託監督人と受益者代理人はいずれも受託者を監督する者であるが、信託監督人は受益者が受託者を適切に監督できないときに受益者を保護するためのものであるのに対し、受益者代理人は受益者が多数であったり、受益者に受託者を監督する能力がなかったりするときに、受益者を保護し、また、信託の運営をスムーズにおこなうための制度である（道垣内弘人『信託法（現代民法別巻）』有斐閣（2017年）366頁）。信託監督人の制度がすべての受益者のための制

度であるのに対して、受益者代理人は、自らが代理する受益者のために行為する者である。信託監督人は、受益者の権限行使を補完するものであり、信託監督人が選任されても、受益者は受益者の権利を行使することができる。これに対し、受益者代理人は自らが代理する受益者のために行為する者である。もちろん、受益者は自らの意思で代理人を選任し代理権を授与することができるが、信託行為による受益者代理人は委託者の信託行為の定めに基づく点で受益者が個別に選任する代理とは異なる（前掲道垣内373頁～379頁）。

本事例では、Cを信託監督人とすることも受益者代理人とすることも考えられるが、当面は受益者Aにも高齢とはいえ判断能力はあり、受益者Aによる権利行使も受託者に対する監督も可能であることも考量すると、AB間の契約による信託設定においては、Cを信託監督人とすることでよいものと考えられる。

（戸田智彦）

―― 事例31 ――

障がいのある子の親なき後問題に対応するための信託スキーム

Ⅰ　事　例

A（65 歳）には長女B（35 歳）及び二女C（30 歳）がいるが、二女Cには重度の障がいがあり、一人で財産を管理し生活することはできない。Aの財産としては、自宅不動産（土地・建物）のほか、将来の二女Cの生活費や医療費を得るために自宅近くに10室の賃貸アパート（土地・建物）を所有している。Aとしては、高齢になり、賃貸アパートの管理の負担が重くなってきているほか、Aの死後のことも考えると賃貸アパートの管理をBに任せ、家賃収入をCの生活費や医療費に充てさせるようにしたいと考えている。

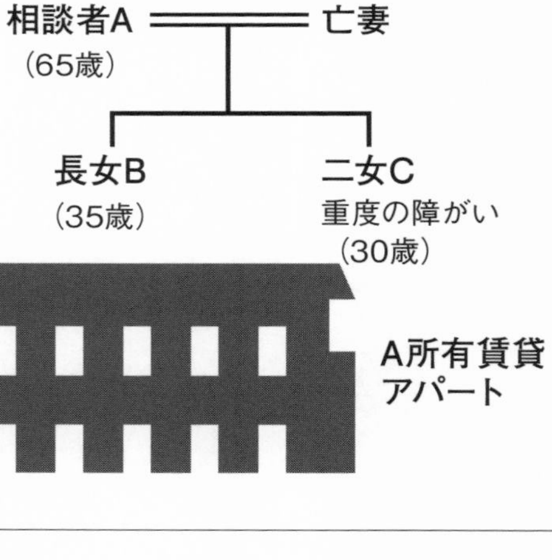

Ⅱ　論　点

1　障がいのある子Cのための財産管理の方法としての信託活用例としてどのようなスキームが考えられるか

2　障がいのある子Cの死後の信託財産の承継（残余財産の帰属）についてはどのようにすることが考えられるか

3　信託を用いる場合の税務上の基本的な注意点はどのような点か

4　民事信託における受託者・信託の担い手はどのような者が想定されているのか（担い手問題）

Ⅲ　解　説

(1)信託スキームの例について

ア　後見及び遺言を用いた場合との比較―信託活用のメリット

このような障がい者の財産管理やその後の財産承継を考える場合においては、信託の活用以外には、後見及び遺言などによって財産管理及び承継をおこなうことが考えられ、従来からも後見及び遺言が用いられてきた。

しかし、後見の場合、賃貸アパートについて保守的な管理運用がなされることが考えられ、例えば大規模修繕や建替えなどがおこなわれるべきであっても、後見人及び家庭裁判所としては修繕・建替え費用の債務の借入れを伴うような大規模修繕や建替えにはリスクが伴うことから、適時・円滑に修繕・建替えを進めることができず、結果的に賃貸アパートが有効活用されず、障がい者のための財産管理に問題が生じ、不良資産となった賃貸アパートの承継にも支障が生じる可能性がある。後見人又は後見監督人には裁判所から第三者である弁護士・司法書士などの専門家が選任されることが通常であるから（任意後見を用いる場合には後見人は親族Ｂで無報酬であっても、後見監督人の報酬は生じてしまう）、被後見人の財産から報酬の負担が生じる。Ｂが後見人となった場合、法律専門家ではないＢにとっては裁判所・後見監督人への報告も負担といえるだろう（信託であればそのような裁判所・後見監督人への報告の負担はない）。そもそも、後見開始は本人の判断能力の低下・喪失が要件となるから、身体障害の場合には使えないことも多い。

相談者であり障がい者の親であるＡの遺言を用いる場合には、その効力が生じるのは遺言の効力発生時、すなわち、Ａの死亡時であるから、Ａが障がいのあるＣのために財産管理が機能を果たしているかどうかをみることはできないし、Ａ死亡時にはＢが直ちに財産管理を開始することは困難であるから、遺言では継続的にＣに生活費等を給付することが困難になるかもしれない（タイムラグが生じる）。ＡがＢに対して負担付遺贈を用いる方法によりＣのための財産管理をおこなうことも考えられるものの、前記の問題に加えて、長期的には、Bが負担付遺贈の負担部分の履行を怠った場合にそれを是正することが難しい。「負担付」部分には法的にも実務的にも曖昧さが残る。

また、信託を活用すると、信託財産は分別して管理され、Aの倒産リスクにも対応することができる。

イ　信託スキームの例（及び残余財産の承継）

これに対し、信託による財産管理スキームを用いる場合には、受託者となった子Bの裁量に基づく判断で受益者のために賃貸アパートの管理をおこない、大規模修繕や建替えについても信託契約の定めにより子Bの裁量に基づく判断でおこなうことができる。信託であれば賃貸アパートと管理に必要な金銭のみを信託財産としてCのために管理をBに託し、他の財産についてはBに相続させる旨の遺言によりBに取得させることもできる。Bが賃貸アパートの大規模修繕や建替えのために賃貸アパートを担保にして借入れをおこなうことも、金融機関の了解を得ることができれば、進めることができる。後見人及び家庭裁判所による保守的な運用という問題が生じないのである。もっとも、受託者としては受益者のための財産管理について信託法及び信託契約に定めに従った注意義務を負うから、全くの自由裁量というわけではなく、財産管理をおこなう親族として、合理的な計画を立てて遂行することが求められる。

この事例において考えられる信託スキームは以下のとおりである。

AB間の信託契約により、Aが委託者兼第一次受益者として賃貸アパートと賃貸アパートの管理に必要な金銭を信託財産として受託者Bに託し、Bが委託者兼第一次受益者Aのために賃貸アパート及び管理のための金銭を管理する。この段階では、Cには信託財産からの給付はないが、AがCを扶養する形となる。Aの扶養義務の履行としてCの生活費や医療費が支出される。Cを第二次受益者とし、Aの死亡によりCが受益権を取得することとする。Cの死亡により信託は終了することとし、長女Bやその子を帰属権利者とすることもできるし、Bやその配偶者及び子を第三次の受益者とする信託を継続するスキームも考えられる。Cの死亡により信託が終了することとした場合、Cが死亡すると賃貸アパート及び信託財産中の残った金銭が帰属権利者となったＢやＢの子に帰属することとなる。Ｃの死亡後も信託が継続するスキームについては、障がいのあるＣが死亡した後まで信託を継続する必要はないのではないかともいえるし、受託者と受益者全てが同一人となることは１年間しか認められないが（信託法163条２号）、受益者が受託者以外にもいれば信託を継続することができ、倒産隔離や信託終了時の税務上の問題（債務控除（相続税法13条）の可否といった論点がある）を回避することができるメリットがあるので、実務的には、Ｃの死亡後も信託を継続したうえで、信託を終了させたい場合には当事者の合意により信託を終了することもできるように工夫することがある。

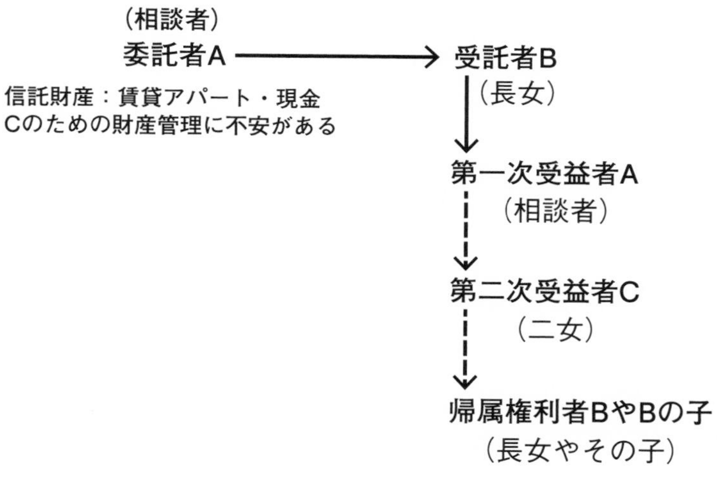

（2）信託の方法について

信託は、遺言によって設定することも、契約によって設定することもできる。この事例では、委託者兼第一次受益者となるＡが、受託者Ｂとの契約により信託を設定している。信託目的は、第一次受益者Ａ及び第二次受益者Ｃのための財産管理であり、Ａ又はＣの生活費などに充てる金銭を信託財産である賃貸アパートの家賃収入からＡ又はＣに給付する。

このスキームでは、主な信託財産は賃貸アパートであるから、不動産についての信託登記を経ることになる。信託登記においては、不動産の所有名義が形式的に受託者であるＢ名義となるが、Ｂが所有者として使用・収益・処分できるのではなく、あくまでも信託目的である第一次受益者Ａ及び第二次受益者Ｃのための財産管理を行うことになる。

受託者としては、不動産の管理その他の信託に要する費用を支出できるようにするために、実務的には、ある程度の金銭も信託財産とする必要がある。この点、預貯金については、金融機関との契約で譲渡禁止とされているため、そのままでは信託財産とすることはできないことに注意しなければならない。信託財産としては、預貯金を引き下ろして現金としたうえで受託者が管理するか、金融機関との間で信託口口座を開設して受託者が管理することになる。

(3)税務関係

この信託スキームでは、委託者Ａが第一次受益者となる点では自益信託であり、信託の効力発生時に経済的利益の移転はないから、信託設定時及び信託契約の効力が生じＢが受益者をＡとして信託財産を管理している期間において、相続税・贈与税の課税は生じない。賃料収入及び信託財産の管理に係る費用は受益者であるＡに帰属するものとして所得税が計算される（所得税法13条）。受託者は、信託期間中、信託財産に係る所得税の申告についても担うこととなる。Ａが受益者である期間については、ＣはＡに扶養されるものとして生活費・医療費・施設通院等の費用を扶養義務の履行として受けることとなる。

前記のように信託契約による信託の効力発生時には委託者であるＡを受益者とするのは、委託者の死亡時ではなく契約時などにＣのための信託が効力が生じると、Ｃが信託財産の贈与を受けた場合と同様に贈与税課税を受けることになり、相続税よりも贈与税の方が高いことが通常であるから、課税上の不利が生じるためである（相続税法９条の２）。この点も、本件のような福祉型信託における信託課税の問題点として、立法又は運用による改善が望まれるところである。

Ａが死亡して受益権をＣが取得すると、Ｃが信託財産を相続した場合と同様に相続税が課税される（相続税法９条の２）。委託者Ａの障がいのある子Ｃが受益者になる点で、他益信託となる。受益者Ｃが死亡して信託が終了する場合には、帰属権利者であるＢやＢの子が信託財産であった財産を取得するので、ＢやＢの子に対して相続税が課税される（相続税法９条の２第４項）。当該財産についてＢやＢの子に相続税が課税されるとともに、親子間の相続とは異なり、２割加算もなされる（相続税法18条）。ＢやＢの子が第三次受益者となるスキームにおいても、相続税が課税され、２割加算もなされる。

(4) 福祉型信託のニーズと信託の担い手問題及び税制問題

障がいのある子の親にとって、親なき後問題は切実であり、信託スキームについて検討したいという声は聞かれる。しかし、同時に、親なき後問題等に関する福祉型信託を相談する適切な専門家が見当たらないという声も聞かれる。日弁連の高齢者・障がい者支援センターや信託センターでは、障がい者関連団体などとの連携を模索しているものの、現時点では多くの実績を上げているとは言い難い。

福祉型信託の設定が普及しない大きな原因として、適切な受託者候補が見当たらないという問題がある。信託業法により、業として信託の受託者となることができるのは信託業の免許・登録を有する者に限られ、弁護士など専門家であるだけでは業として受託者となることはできない。信託業の免許・登録には、資本要件や金融機関と同様ともいえる金融庁の監督があるなど負担が重く、個々の弁護士が信託会社を維持するのは難しい。本事例のように障がいのある子に兄弟姉妹がいて、受託者としての事務を遂行してもらえるのであればよいが、兄弟姉妹とはいえ他人のために財産を管理するのは負担ではあるし、適切に管理がなされ、障がいのある受益者のために適切に給付がなされるかは個々人の資質や諸事情にも左右される。

また、前記のとおり、委託者の死亡前に信託の効力が生じて障がいのある子が受益者になるとすると、信託財産そのものの所有権を取得した場合と同様に子に贈与税が課税される（相続税法９条の２）。そのため、実務的には、障がいのある子の親を委託者兼第一次受益者として信託を設定し、受託者による信託財産の管理を開始し、委託者死亡時に第二次受益者である障がいのある子が受益権を取得するスキームを組む。しかし、税制の問題を理由に受益者連続型の信託を組むというのは迂遠であるし、初めから障がいのある子を受益者とする信託を設定することができれば、親としても信託が機能していることを生前に確認することができる。委託者兼第一次受益者となった親が認知症などで判断能力を失った場合に、扶養の範囲として障がいのある子に適切に金銭給付がなされるのか、親の後見人が扶養の範囲を限定的に解釈してしまい障害のある子の生活費や医療費に支障が生じることにならないか、といった問題が潜在的に残ることになる。少なくとも、障がいのある子の親なき後問題を解決するための信託スキームについては、親の死亡時まで資産課税を繰り延べるなどの法改正が望まれるところである。

（戸田智彦）

事例32

配偶者居住権と民事（家族）信託の比較

Ⅰ　事　例

相談者Ａの家族は、亡き先妻Ｂとの間の長男Ｃと、先妻Ｂ死亡後に再婚したＤ、相談者Ａの妹Ｅとその夫Ｆ、ＥＦ間の長女Ｇがいる。ＡＤは同居しているが、Ｃ、ＥＦ夫婦、Ｇはそれぞれ別の住居で生活している。

Ａの財産として居住用の自宅不動産（土地 9,000 万円、建物 1,000 万円）のほか、収益不動産として賃貸アパート２棟計 20 室があり、現金・預貯金が約 3,000 万円ある。Ａは月あたり 18 万円程度の年金収入と、家賃収入をＡＤの生活費及び税金の支払いなど諸費用に充てている。

相談者Ａは、自分の死後もＤが自宅に居住しつつ、必要に応じて高齢者向けの施設に入居するなどして安定した生活を営むことができるようにしたいと思いつつ、Ａの財産がＤの親族に相続されることは避けたいと思っており、長男Ｃや、ＡＤとも将来的に親しいＥやＧに承継させたいと考えている。

このような将来の遺産承継を可能とする方法として、令和２年４月１日施行の配偶者居住権をＤに取得させる遺言を記載する方法と、民事（家族）信託の方法とが考えられる。

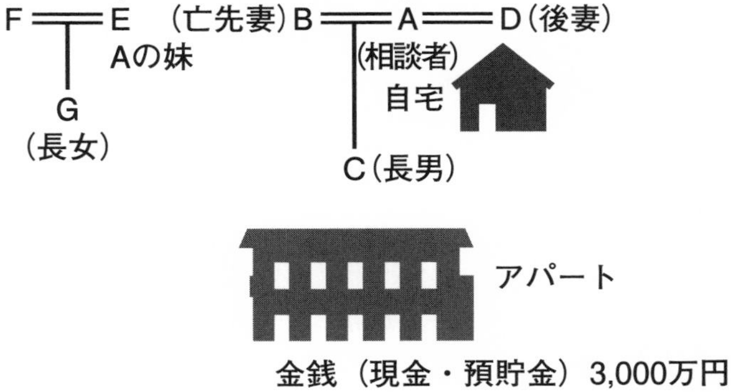

Ⅱ　論　点

1　配偶者Ｄの居住を確保する方法

2　Ａ死亡後にＤが施設に入所するなど配偶者居住権をＤ死亡前に消滅させる場合の取扱いの問題点・留意点

3　信託によりＤの自宅及び生活費を維持するスキームと、配偶者居住権との比較

Ⅲ　解　説

(1)実務的な流れ―Aによる相談及び家族・親族会議

Ａは、弁護士に相談し、配偶者Ｄの自宅での居住を確保しつつ、Ｄ死亡後には、Ａの子ＣなどＡの相続人に承継させる方法（Ａの相続人ではない者に承継されない方法）について相談した。

相談を受けた弁護士は、Ｄの居住の確保だけならば遺言により配偶者Ｄに自宅を相続させる方法があるが、子Ｃへの負担付遺贈や、配偶者居住権をＤに取得させる方法、Ａの死亡により効力が生じＤが自宅を使用することができる民事信託の方法について説明し、それぞれのメリット・デメリットを考慮し、家族関係は良好であるようだったので、ＤやＡなど家族・親族とも話し合って決めるよう促した。

Ａは、まず、Ｄと相談し、次に、長男Ｃと相談した。長男Ｃとしては、配偶者居住権や民事信託の実務が定まったものではないことに躊躇しつつも、将来、後妻Ｄが施設に入る場合や、長男Ｃが体調を崩したりした場合にも対処できるように、また、後妻Ｄが住んでいるＡの自宅不動産は将来的に相続する気はないが、賃貸アパートの相続は魅力的だと考え、自分が受託者となっての民事信託のスキームがよいと考えた。

Ａは、次に、妹Ｅとその夫Ｆと、その長女Ｇとも相談し、ＥＦＧが、Ｃが受託者としての事務をおこなうことができない場合に備えた後継受託者となることと、Ｃが相続する気はないと言っているＡの自宅不動産の残余財産受益者となることについて了解を得た。

このように、本件では、長男Ｃや妹家族であるＥＦＧが当初受託者や後継受託者となることを了解したので、民事信託のスキームを用いることと

した。

しかし、実際には、受託者として適切な者が見当たらなかったり、信託における委託者・受託者・受益者という三者関係の理解が難しく当事者が躊躇したりする場合など、民事信託を用いることが困難な場合も生じる。平成30年相続法改正により新設され令和２年４月１日に施行された配偶者居住権の制度は、配偶者の居住を確保する目的に正面から応えるものとして新設された制度であり、今後の活用が期待される。もっとも、配偶者居住権の制度の活用にあたっては、新設された制度であるが故に実務的に手探りとなる部分があることや、配偶者が自宅から施設に転居する場合の問題が生じうることに注意を要する。

(2)配偶者Dの居住を確保する方法

ア　配偶者に自宅不動産を取得させる旨の遺言

Ａとしては、Ａの死後の妻Ｄの居住を確保するためのシンプルな手段として、自宅不動産を妻Ｄに取得させる旨の遺言を作成することが考えられる。しかし、遺言で妻Ｄに自宅不動産を取得させると、Ｄの死後、Ｄの相続人にＡの自宅不動産が相続されることになる。具体的には、Ｄの兄弟姉妹や甥姪、ＤにＡ以外との間での子がいれば、その子が相続人となり、Ａの不動産を将来的にＡとは血縁関係のない者が取得することになる。

Ａとしては、妻Ｄの居住を確保したいとは考えるものの、Ａとは関連性が薄い者が、Ａの死後ではあるにしても、将来的にＡの自宅不動産を相続によって取得するような事態を避けたいと感じることも多いと思われる。

イ　長男Cへの負担付遺贈

そこで、上記ア記載の事態を避けるために、Ａが自宅不動産を先妻Ｂとの間の長男Ｃに遺贈しつつ、妻Ｄに居住させる旨の負担付とする方法が考えられる。この負担付遺贈の方法は、長男Ｃが自身の母親ではないＡの後妻Ｄの居住を確保するように配慮すれば、言い換えると、ＣＤ間の関係が悪くならなければ、Ｄの居住を確保するために機能するであろう。

しかし、ＣＤ間の関係が悪化し、Ｃが自宅不動産を第三者に売却してしまった場合などにおいては、Ｄの居住という目的を達することができなくなる。ＣＤ間の関係が良好であっても、Ｃの財産状況が悪化し、第三者がＣ所有となっている（故Ａの元）自宅不動産を差し押さえてしまった場合や、Ｃが破産した場合には、やはり、Ｄの居住という目的を達することができない。

また、Ｃに自宅不動産や賃貸アパートを相続により取得させてしまうと、Ｄの遺留分を侵害することとなる可能性が高くなり、負担付遺贈の居住という負担を遺留分侵害額請求との関係でどのように評価するのかという問題も生じるし、Ｃが負担する相続税額が高額となり、自宅不動産か賃貸アパートのいずれかをＣが手放さざるを得なくなるかもしれない（自宅不動産を手放すとＤの居住は確保されない）。

遺留分の問題をクリアしたとしても、Ｄの健康状態が悪化して自宅不動産での生活が困難になり、Ｄが施設に入居したいと考えた場合に、施設の入居費用をいかにして工面するのかという問題も生じうる（Ｄの判断で自宅不動産を売ることはできないし、ＤのためにＣが（故Ａの）自宅不動産の売却を求められるものでもない）。

ウ　民事信託の活用

そのような問題点の多くを解消する方法として、民事信託の活用という方法もある。Ａを委託者兼受益者、Ｃを受託者、Ａの自宅不動産を信託財産として信託を設定し、ＤをＡの死後の第２次受益者とすることにより、Ａの死後のＤの自宅不動産での居住を確保する。Ｄが自宅不動産での居住が難しくなったり、Ｄが高齢者向け賃貸住宅などへの転居を希望したりする場合には、自宅不動産を売却してその費用に充てることも可能にする信託スキームを組むことも考えられる。Ｃは形式的には受託者としてＡの自宅不動産の所有名義を有するが、受託者の義務を果たすために所有名義を有しているにすぎず、所有者としてＣの判断で所有権を第三者に譲渡することはできない。信託には倒産隔離機能があり、Ｃに対する債権者が信託財産となった自宅不動産に対して差し押さることはできず、Ｃが破産しても自宅不動産は破産財団に属する財産とはならない。

民事信託を活用する場合には、受託者を誰にするかが重要であり、本件では、委託者Ａの長男Ｃが受託者となることが想定される。もっとも、Ｃ

は自然人であり、死亡や事故・病気や、やむを得ない海外転居などの事情によって、受託者としての事務を遂行することが不可能ないし困難になることもある。そのような場合に備えて、後継受託者を定めておくことも民事信託の活用においては重要である。本件では、幸い、ＥＦＧが後継受託者となることが可能であり、受託者としての事務を遂行する者を確保することができた。

エ　配偶者居住権

令和２年４月１日施行の配偶者居住権については、高齢となった配偶者の居住の確保など配偶者保護のための制度として、平成30年相続法改正で新設された制度である。もっとも、新しい制度であり、その周知や実務運用・財産評価・税務上の取扱いなどについて検討を要することや、債権法改正のタイミングと合わせる方がよいことなどから、平成30年相続法改正の多くの項目が令和元年７月１日に施行されたのに対し、配偶者居住権については令和２年４月１日施行とされた。

実務的には、配偶者居住権は新しい制度であることから、今後の解釈や実務運用に委ねられている部分が多い。

例えば、配偶者居住権を遺産分割時にどのように評価するのか、遺留分侵害額請求権の算定における配偶者居住権の評価、については、いくつかの評価方法・試案が提案されつつも、今後の実務運用に委ねられているところである。配偶者居住権の税務上の評価については、相続税法23条の２の新設により法定されているが、配偶者居住権終了時の建物及びその敷地の価格を現在価値に割り戻すというやや複雑な計算方法であり、配偶者居住権を配偶者に取得させる旨の遺言を作るにあたっては、あらかじめ税理士と協働して試算しておくなどの慎重な検討が望ましい。

配偶者居住権を配偶者が取得した後に、配偶者が施設に入所したり病院に長期入院することになったりした場合など、配偶者居住権を途中で終了させる場合の取扱いについても下記（３）のとおり問題がある。

その他、配偶者居住権については登記が対抗要件とされており登録免許税の負担も考えておかなければならないことや、配偶者居住権のある建物及びその敷地の固定資産税は、自治体から所有者に課されるものであることからすると、固定資産税を支払う建物所有者から配偶者への求償関係について、建物所有者となる者（本件では子Cの他、妹Eや姪Gが建物所有者となることが想定される）との間であらかじめ話し合って取り扱いを定めておくことで、将来の混乱を避けることが望ましい。

(3) A死亡後にDが施設に入所するなど配偶者居住権をD死亡前に消滅させる場合の取扱いの問題点・留意点

配偶者居住権を配偶者が取得した後に、配偶者が施設に入所したり病院に長期入院することになったりした場合について、まず、配偶者居住権が存続するのかという問題がある。改正法の立案担当者によると、配偶者居住権の成立要件について、生活の本拠が複数認められることもありうると解されており（堂薗幹一郎＝野口宣大編著『一問一答新しい相続法―平成30年民法等（相続法）改正、遺言書保管法の解説』商事法務（2019年）11～12頁）、配偶者居住権を取得した配偶者が当該建物に戻ってくることもありうることから、配偶者居住権成立後も、当該建物が住居として使用できるようになっているという実態がある限り、配偶者居住権が存続すると解される。

また、配偶者としては、当該建物を賃貸して賃料収入を得て、施設や入院の費用に充てたいと考える可能性もある。配偶者居住権を取得した配偶者は、建物所有者の承諾を得て、配偶者居住権の目的物となっている建物を賃貸することができる（民法1032条3項）とされており、実務的には、このような賃貸の方法によって、施設費用の問題と、以下の配偶者居住権を中途で終了した場合の課税の問題の両方を解決することが考えられる。

配偶者居住権を当事者の意思で終了させることは、法的には可能であるが、税務上は、建物所有者に贈与税が課税されるのではないかという問題がある。本件では、Aの死後、配偶者Dに配偶者居住権が遺言や遺産分割によって成立した後に、Dが高齢者向けの賃貸住宅や施設に移るので、当該建物を使用しないことになり、配偶者居住権をCDの合意で終了させることが想定される。しかし、このようにCDの合意で配偶者居住権を終了させると、配偶者居住権の残存価値についてCが取得したものとして贈与税課税の対象となるとの解釈が財務省の令和元年度税制改正の解説504頁で示されている（相続税法９条のみなし贈与)。ＣＤ間の合意による配偶者居住権消滅に伴いＣからＤに金銭を支払うことも考えられるが、この場合には、対価が相当であってもＤについて不動産の譲渡所得課税が問題となり、対価が低ければみなし贈与の問題が生じる。

(4)配偶者居住権と民事信託の比較

前記のとおり、配偶者居住権も民事信託も、配偶者の居住の確保のために活用が期待されるものの、それぞれ、その活用上のデメリット・阻害事由（解釈が定まらない部分も含む）もある。

実務的に、民事信託の最大のデメリット・阻害事由は、受託者の確保であろう。民事信託一般においては、委託者から受託者への形式的所有権の移転が委託者の心理的な阻害事由となることが多いが、配偶者の居住の確保という活用場面では、そのデメリットは少ない。

これに対し、配偶者居住権の最大のデメリット・阻害事由は、前記（３）のとおり、配偶者居住権を途中で終了させようとする場合の税務上の取扱い・施設費用の確保であろう。この点については、配偶者居住権を設定する前に、あらかじめ、配偶者及び建物所有者となる者とも話し合って調整しておき、当該建物を定期借家にて賃貸する方向で調整しておくことが考えられる。

民事信託を活用する場合でも、配偶者居住権を用いる場合でも、当事者間で話し合い、その長所短所を理解したうえで、いずれの手段を用いるのかを検討することが望ましく、そのために、弁護士は各制度について理解及び最新の実務の運用を把握することが求められる。

（戸田智彦）

—— 事例33 ——

遺留分との関係

Ⅰ　事　例

Ａの財産（自宅不動産、賃貸不動産、金銭（預貯金・現金））を信託財産としてＡを委託者兼受益者、子Ｂを残余財産の帰属者とする民事信託を設定しようと考えている。Ａには子Ｂ以外に子Ｃがいるが、ＣはＡとは仲が悪く、Ｂのみを残余財産の帰属者とするか、Ｃに帰属させる財産ないし相続させる財産は少なくしたい。

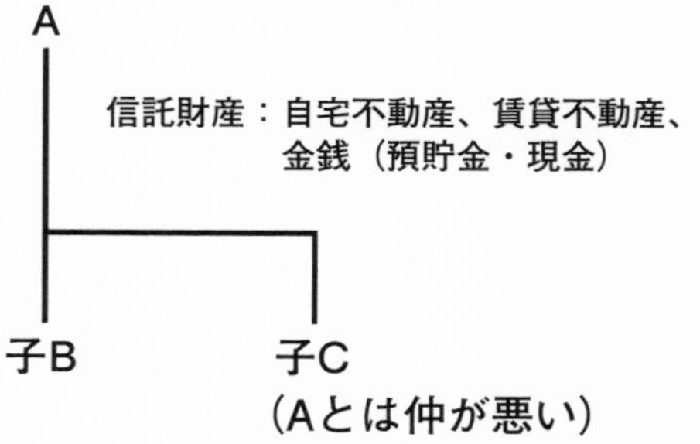

Ⅱ　論　点

1　民事信託でも、遺留分の規定は適用されるか

2　遺留分を侵害する信託について公序良俗違反として一部無効とした東京地裁の判例があるが、そうだとすると、遺留分を侵害することとなるような信託を作ってはいけないということになるのか（判例の射程範囲）

Ⅲ　解　説

(1)民事信託と遺留分

遺言による信託の設定や、契約による信託の設定という信託行為についても、民法の遺留分の規定が適用される。平成30年改正前（令和元年7月1日改正法施行前）民法1030条の「贈与」については、民法において

贈与契約として規定されるものに限らず、広く無償の処分行為を意味し、「無償の信託の利益の供与」も含まれると解されており、信託行為も含まれると解されていたから、改正民法1044条にいう「贈与」についても同様に遺言や信託契約による信託設定という信託行為も含まれると解される。

もっとも、遺留分侵害行為のとらえ方については、信託により受益者に受益権という信託財産の実質的利益を授与すること（受益権授与行為）を遺留分侵害行為ととらえる考え方と、受託者に信託財産の所有権が形式的に移転したこと（信託設定行為）を遺留分侵害行為ととらえる考え方とがある。前者では、遺留分算定の基礎となる財産は受益権の価額であり、遺留分減殺の対象は受益権の授与行為であり、侵害額請求の相手は受益者であるのに対し、後者では、遺留分算定の基礎となる財産は信託財産の価額であり、遺留分減殺の対象は信託設定行為又はそれに基づく財産の処分行為であり、遺留分侵害額請求の相手方は受託者又は受託者及び受益者となる方向で解釈される（神田秀樹＝折原誠『信託法講義〈第２版〉』弘文堂（2019年）183頁）。

したがって、本事例のＡは、Ｃに帰属させる財産ないし相続させる財産を少なくしたいと考えたとしても、遺留分への配慮は必要となる。Ａの遺産として想定される財産の価額のうち、４分の１程度はＣに取得させるよう信託設定や遺言作成において配慮したり、Ｂに対しＣが遺留分侵害額請求権を行使したとしても支払うことができるだけの現金・預貯金をＢに遺したりＢが保持するようにしていたりしておくことが考えられる。

遺留分侵害額請求が行使された際の侵害額の価額算定については、上記のとおり、何を遺留分侵害行為ととらえ（Ｂに受益権という信託財産の実質的利益を授与することか、ＡからＢへの形式的所有権移転か）、どのように遺留分を算定するか（受益権の価額か信託財産の価額か）という点について解釈上の問題点が残るので、相談を受けた弁護士としては、いずれの解釈をとってもＢが困ることの無いように配慮することが望ましい。

(2) 東京地判平成30・9・12金融法務2104号78頁〔28264792〕について

前掲平成30年東京地判（共有権確認等請求事件）は、委託者が死亡13日前に二男を受託者、委託者所有の全ての不動産及び金銭300万円を信託財産として締結した信託契約について、経済的利益の分配が想定されない不動産を信託財産とした部分は遺留分制度を潜脱する意図で信託制度を利用したものであって公序良俗に反し無効であるとした（民法90条。控訴審で和解成立）。

この事案は、委託者のなした遺言や死因贈与契約も絡み複雑であるが、信託に関する部分をみると、委託者の相続人はこの訴訟における原告（長男）、被告（二男）及び委託者の二女の３名であり、信託目的は委託者の死亡後もその財産を二男が受託者として管理運用することによって二男及びその直系血族が家を継ぎ、お墓・仏壇を守っていってほしいという委託者の意思を反映した財産管理を継続することにあるとされ、信託財産には委託者所有の全ての不動産が含まれ、受託者は、信託不動産の維持・保全・修繕又は改良を、受託者の裁量で行うとともに、受託者は信託不動産を無償で使用することができるとされている。当初受益者は委託者であり、委託者死亡後の受益者は原告、委託者の二女及び被告の三人で、それらの受益権割合は原告に６分の１、委託者の二女に６分の１、被告に６分の４の割合であるが、委託者の自宅を含む不動産及び無価値の土地については、経済的利益の分配が想定されない部分であると認定されている。

この判決では、遺留分減殺の対象は受益権としつつ、受託者である二男以外の相続人が不動産の価値に見合った経済的利益を受けることができないという事実をとらえて、信託契約の一部が無効であると判断されたものといえる。委託者及びその信託組成をサポートした司法書士らは、信託契約によって受託者である二男及びその相続人が不動産などの一家の財産を承継していくことができるように考えて信託を組成したものと思われる。ところが、この事案では、他の相続人が不動産から経済的利益を得ることができない無価値な受益権割合を取得するに過ぎないことから、実質的にみて、遺留分を侵害するものであり、信託契約の一部無効という判断となったものといえよう。今後信託組成に関わる弁護士などの専門職が注意しなければならない判決といえる。

前掲平成30年東京地判に対しては、この事案のような信託スキームは、そもそも、子のうちの一部について実質的に遺留分をなくすことを意図したようなものであり、信託ということはできず、信託として無効、全部無効とすべきとの意見もある（佐久間毅＝新井誠「対談信託の広がりと信託法研究のこれから」信託フォーラムvol.12（2019年10月号）7～8頁の佐久間毅教授発言。新井誠教授も「基本的に同じ考え」と発言している）。

(3) 遺留分侵害の場合の取扱い

遺留分については、平成30年の相続法改正により、その法的性質が、改正前の形成権から、改正法では侵害額請求権として金銭債権化された。信託組成にあたっては、金銭債権化された改正法のもとにおいても、受益権を取得した遺留分侵害額請求権の義務者が、遺留分権利者に金銭を支払わなければならなくなるので、遺留分を侵害する信託となる可能性がある場合には、侵害額請求に対応できるよう金銭化できるものを義務者が有しているように配慮することが望ましい。

また、金銭債権化により、一方では、他の相続人が受益権としては実質的に経済的価値のないものを取得するに過ぎない場合において、遺留分侵害の義務者となる相続人が権利者となる相続人に金銭請求に応じることができればよいともいえるので、前記の判例のように信託自体を全部又は一部無効と解釈する必要がない事案も生じると思われる。他方では、平成30年相続法改正のもとでは、請求権者に金銭債権が生じ遅延損害金の請求権が生じることからすると、義務者に期限の許与制度があるとはいえ、金銭を支払う必要が生じるから、請求された者が金銭請求に応じるための資金を用意しておく必要性は高まるという面がある。

（戸田智彦）

事例34

民事信託　事業承継への活用①（遺贈や生前贈与との比較）

Ⅰ　事　例

100％の株式を保有し代表取締役として株式会社を経営しているAが、会社経営を支えてくれている子Bへの事業承継について、遺贈や生前贈与と比べて、信託による方法にメリットはあるのかと弁護士に相談した。Aの配偶者は死亡しており、Aには子Bの他に子C及び子Dがいる。弁護士は、それぞれの制度のメリット・デメリットについて、どのような説明をすればよいか。

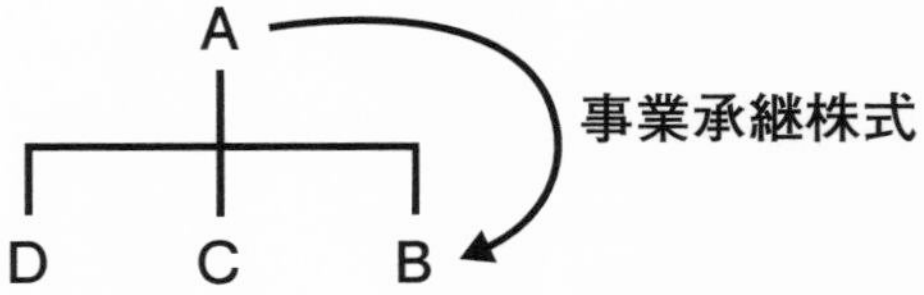

Ⅱ　論　点

1　事業承継への信託活用の遺贈との違い（メリット・デメリット）

2　事業承継への信託活用の生前贈与との違い（メリット・デメリット）

Ⅲ　解　説

(1)　事業承継への信託活用の遺贈との違い（メリット・デメリット）

この事例のようなオーナー経営者の子への事業承継の相談を受けた弁護士としては、従来から、遺言や生前贈与を用いた事業承継スキームを考えることが多いと思われる。それに加え、近時は、信託による事業承継について相談を受けることも増えてきている。弁護士としては、事案及び依頼者・関係者の意向を踏まえて、いかなる方法をとるかを助言することとなるが、その前提として、遺贈や生前贈与と比較しての信託のメリット・デメリットについて把握し、適宜説明することが求められよう。

ア　遺言による事業承継に比べて、信託による事業承継のメリットとして、以下の５点を挙げることができる。

（ア）まず、遺言では被相続人・遺言者が死亡してはじめて事業承継（株式譲渡）の効力が生じるが、信託であれば委託者となるＡの生前に効力を生じさせ、事業承継を実行することができる。実務的にはこのメリットは大きい。オーナー経営者であるＡとしては、自分自身がまだ余力を残して子Ｂに事業を承継させつつ、適宜助言をしながら、子Ｂのサポートをして、円滑に事業を承継することができる。

（イ）オーナー経営者であるＡとしては、事業承継をした子Ｂが十分に会社を経営することができるか、独断専行により会社経営を危機に陥らせることがないか、不安を有していることが多い。そのような場合には、Ａが受託者Ｂに対して指図権を有することとして、事業承継後の会社経営への関与を留保することができる。指図権としては、典型的には株式の受託者となった子Ｂの株主総会での議決権行使について指図権を有することとして、経営への関与を留保することが考えられる。

（ウ）信託による事業承継であればオーナー経営者Ａの生前に効力を生じさせることができるから、オーナー経営者Ａが認知症などにより判断能力の減退・喪失を来した場合にＡが会社の経営ができなくなることへの対策となる。実際に、100％ないし大多数の株式を有する会社経営者の認知症により、株主総会決議をおこなうことができず、事業譲渡・譲受や合併といった経営上の判断も、さらには、取締役選任さえも、できなくなった株式会社は少なくなく、そのような事態に備えるために、信託を活用することは、会社経営のリスクを減少させるために有用といえる。

（エ）信託においては、信託監督人・受益者代理人という監督機関を設置し、受託者の信託事務の遂行を監督するとともに、受益者となるＡの利益保護を図ることができる。

（オ）株式を受益権化することで、遺留分に配慮しつつ、事業承継をする子が事業を承継しない他の子に振り回されることなく経営判断ができるようにスキームを作ることができる。

イ　これらに対し、遺言と比較しての信託のデメリットとしては、以下の３点を挙げることができる。

（ア）遺言とは異なり、実務の集積が少ない。それゆえに、株式の信託譲渡の手続不備（取締役会の譲渡承認の不備や株主名簿への記載の不備）のおそれや金融機関など関係者から理解を得るのが難しいことが想定される。もっとも、この点については、信託による事業承継の実務が少しずつ集積されつつあるとともに、金融機関や証券会社内部での信託口口座開設の手続・要件に関する規程作成の動きなど、信託実務への理解が広まってきており、今後は実務の集積が少ないことのデメリットは解消されていくかもしれない。

（イ）信託という形式とはいえ、委託者Ａの生前にＡが経営する会社の株式を子Ｂ名義に移転することにオーナー経営者Ａが難色を示す可能性がある。この点は、前記（ア）と同様に、信託についての実務が集積するとともに、心理的な抵抗感が減少していくことが予想される。とはいえ、遺言での事業承継さえいまだ一般的に行なわれていない我が国において、信託での事業承継に一般の経営者が難色を示すことは、やむを得ないともいえる。弁護士としては、委託者の意向に反して信託を設定することとならないように配慮する必要がある。他方で、信託は撤回可能なスキームを作ることができるから、オーナー経営者Ａとしては、まずは信託によって子Ｂへの事業承継をおこない、前記メリットにて記載した監督制度や指図権も活用して子Ｂによる経営を監督及びサポートしつつ、どうしても子Ｂが経営者として不適当であると判断した場合には、受託者の解任（信託法58条１項の解任のほか、信託法58条３項の別段の定めを信託契約の条項に定めるなどの方法がある）によって子Ｂを受託者の地位から外したり、信託を終了させたりすることも考えられる（信託法163条１号、９号、同法164条）。

（ウ）オーナー経営者Ａに会社株式の他に財産がない場合には、信託の場合においても遺留分侵害に注意しなければならない。特に、事業承継をした子Ｂ（受託者兼第二次受益者）の他、子Ｃ及び子Ｄにも受益権（第二次受益者）があるという形式をとりつつ、子Ｃ及び子Ｄには何らの経済的利益（剰余金の配当など）がない場合には、信託の全部又は一部が無効となる可能性があることに注意する必要がある（東京地判平成30・９・12金融法務2104号78頁〔28264792〕を参照）。子Ｂとともに第二次受益者となる子Ｃ及びＤへの剰余金の配当（受益権の給付）をおこなうなどして子Ｃ及びＤにも実質的に経済的利益を受けることができるように配慮する。信託によって柔軟な事業承継スキームを作ることができるものの、信託によって遺留分侵害を潜脱することはできないことに留意する必要がある。

(2) 事業承継への信託活用の生前贈与との違い（メリット・デメリット）

ア　事業承継を生前贈与によって行う方法も、弁護士としては検討する機会が多いと思われる。事業承継を生前贈与ではなく信託によって行うメリットは以下の３点にある。

（ア）生前贈与も信託もオーナー経営者Ａの生前に事業承継を実行することができる点は同じである。しかし、信託であれば、委託者兼当初（第一次）受益者Ａ、Ａ死亡時の第二次受益者ＢＣＤとすることで、Ａの生前贈与の場合のような贈与税負担がなく、Ａ死亡時の相続税負担とすることができる（相続税の方が贈与税よりも税率が低く、事業承継のために何もしなくても相続税はかかるのだから、負担が増すことはない）。

この点、生前贈与であっても、事業承継税制を用いることによって一定の要件及び手続を経て贈与税・相続税の納税猶予や減免を受けることが可能ではある（中小企業における経営の承継の円滑化に関する法律）。事業承継税制の適用を受けることができるのであれば、信託を用いる場合とは異なる税制上のメリットがある。しかし、中小企業における経営の承継の円滑化に関する法律に基づく認定等を受ける必要があるなど手続・要件が複雑であることから、その活用は進んでいない。

（イ）信託を用いるスキームであれば、株式を信託財産として、委託者兼当初（第一次）受益者Ａ、受託者Ｂとして、オーナー経営者Ａの死亡時に子ＢＣＤを受益者とすることにより、遺留分侵害の問題を回避することが可能になる。信託では柔軟に様々なスキームを組むことができるから、事業を承継しない子CDの遺留分を形式的にだけではなく、実質的にも侵害することの無いように配慮することが可能になる（観点を変えて述べると、遺留分を侵害しないように注意して子ＣＤも剰余金の配当による経済的利益を実質的に受けることができるようにしながら信託を活用するべきである）。

この点について、生前贈与においても、遺留分についての民法特例（固定合意・除外合意）を用いることによって、遺留分侵害にならないようにする措置が設けられている（中小企業における経営の承継の円滑化に関する法律）。しかし、手続の複雑さと要件を満たすことが難しいことが原因と思われるが、遺留分についての民法特例の活用も進んでいない。同法の定める要件を満たす合意が可能であるほどに経営も家族の関係性も順調ならば、手続の複雑さを乗り越えてまで特例を用いようとはしないのであろう。

（ウ）信託を用いるスキームであれば、生前贈与とは異なり、オーナー経営者Ａが指図権を有するスキームを組むことによって会社への支配権を留保することができるし、剰余金の配当（受益権の給付）による経済的利益を受けることができる。オーナー経営者Ａの支配権の留保は、指図権以外にも、受益者としての受託者への監督権限の行使によっても図ることができる。受託者となる子Ｂの信託事務の監督機関として、信託監督人や受益者代理人を置くことによって受益者Ａ（や第二次受益者となる子ＣＤ）の利益保護を図ることもできる。生前贈与でも、負担付の贈与として受贈者となる事業承継者の権限を制約することは可能であろうが、事業譲渡しながら承継した者の経営における裁量を制限するような負担を付するということの法的な意味合いや、受贈者が違反した場合の法的な取扱いが判然としない。負担付贈与の受贈者は信託における受託者のような忠実義務（信託法30条）はないし、善管注意義務さえ規定されていない。信託による場合の方が明確にオーナー経営者Ａの支配権を留保しつつ、剰余金の配当（受益権の給付）による経済的利益も確保することができる。

イ　次に、生前贈与と比較しての信託のデメリットとしては、以下の３点を挙げることができる。

（ア）信託の場合には、事業承継税制による相続税の減免を用いることができない。この点については、何らかの工夫をして、信託の場合にも事業承継税制の適用を可能とするようなスキームを考えることが不可能ではないのかもしれないが、現時点においては信託と事業承継税制の併用はできないと考えておいた方がよいであろう。

（イ）信託の場合には、遺留分についての民法特例を用いることができない。前記（ア）と同様に、信託では多様なスキームを柔軟に作ることができるから、何らかの工夫により適用の余地が全くないとまではいえないのかもしれないが、現時点においては、併用できないと考えておいた方がよいであろう。

（ウ）生前贈与であれば、事業を承継する子Ｂは会社の株式の贈与による取得によって会社の支配権を取得し、オーナー経営者であったＡからの制約を受けずに会社経営を進めることができることとなる。オーナー経営者であったＡの事実上の影響力や、Ａが取締役として残るなどしてＡが経営を監督する方法はあるが、株式譲渡を受けてしまえば、子ＢはＡを経営から排斥することも可能となる。子Ｂが完全に事業を承継することができるという点では、信託よりも生前贈与にメリットがあるということができよう。剰余金の配当を受けるのもＢであってＡではないことになり、経済的利益も事業を承継したＢが取得することとなる。前記信託のメリット(ウ)は、事業を承継する者の観点からみるとデメリットといえる。

(戸田智彦)

―― 事例35 ――

民事信託　事業承継への活用②（認知症等に備えるスキーム例）

Ⅰ　事　例

A（65歳）は複数の飲食店（カフェ・レストラン）を運営する株式会社甲の代表取締役であり、同社の全株式を有している。Aの夫は死亡し、Aと同居している長女B（40歳）は甲社の専務として飲食店の経営を支え、長男C（35歳）は大手企業のサラリーマンとして働き国内外の各地を転々とし、二女D（30歳）は仕事のために米国に移住している。甲社は飲食店兼自宅となっている不動産（土地及び建物）や5,000万円を超える預貯金を有しているものの、A自身には所有不動産がなく、預貯金も数百万円程度である。Aは、加齢により徐々に健康状態や判断能力が低下してきているように思われ、将来認知症等により判断能力が著しく低下した場合や、交通事故などで後遺症が残る重傷を負うことによって経営できなくなることに備えて、信託により甲社の事業を円滑に承継できるのではないかと考えている。本件ではどのような事業承継スキームが考えられるか。

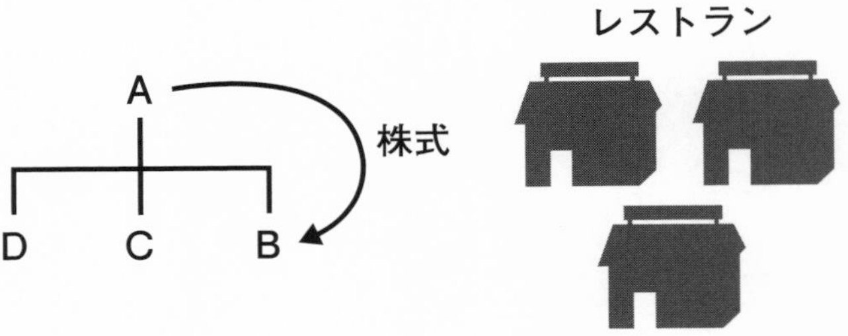

Ⅱ　論　点

1　信託による株式会社の事業承継スキーム（認知症等に備えるスキーム）

2　遺留分への配慮

Ⅲ　解　説

（1）本事例で信託を用いるメリット

この事例のようなオーナー経営者の子への事業承継の相談を受けた弁護士としては、遺言や生前贈与を用いた事業承継スキームを考えることが多いと思われる。もちろん、各方法のメリット・デメリットを依頼者に示し、依頼者と相談のうえ、信託以外の方法をとることとなるのは何ら問題ではない。

しかし、本事例のように、依頼者が認知症等によって判断能力が著しく低下した場合や、突然の交通事故によって自ら経営することのできない健康状態となる場合に備えたいという場合には、生前に贈与税の負担なく事業承継を進めることができる信託のメリットを生かせる可能性がある。実際に、株式の大半を保有している者が認知症等で株主としての権利行使ができなくなり、後見制度を用いても後見人が経営判断を伴う議決権行使をすることには消極的である場合が通常であり、事実上、株主総会を開催することさえできなくなっている事例を散見する。

信託による事業承継は、本事例のように、相談者であり事業を子に承継しようとする親（信託においては委託者となる者）には経営する会社の株式以外には財産が少ない場合に、遺留分にも配慮しつつ経営する会社の意思決定については事業承継をする子が判断できるようにスキームを作りやすいことにメリットがある。甲社の安定した経営のためには、事業を承継しない子（将来の相続人）の意向が強く反映されることなく（言葉を換えると、振り回されることなく）、事業を承継する子（相続人の一人）が経営判断できるようにすることが望ましい場合が多い。

また、信託による事業承継においては、当面は親Ａによる経営を続けて効力発生時期を親Ａが70歳となったときなどと始期付としたり、親Ａが医師２名以上から認知症等で後見相当であるとの診断を受けたときなどと条件付としたりすることができる。

さらに、信託による事業承継では、子Ｂに事業を承継させつつ、親Ａが指図権を保有することとして、甲社に対する判断権を留保することもできる。親Ａとしては、子Ｂの経営能力について慎重に見極めたいという場合や、経験を積むまでに何年か要するので経験不足な子Ｂが独断で会社経営を誤ることがないようにしたいという場合にも、信託を用いることにメリットがある。

(2)信託による株式会社の事業承継スキーム

具体的な株式会社の事業承継スキームとしては、親Ａを委託者、甲社全株式を信託財産、長女Ｂを受託者とし、受益者については、当初（第一次）受益者を親Ａとして、親Ａ死亡後の第二次受益者を長女Ｂ、長男Ｃ、二女Ｄとし、第二次受益者の受益権の割合を、遺留分を考慮して、Ｂは６分の４、Ｃ及びＤは各６分の１とすることが考えられる。親Ａが甲社の経営上の判断権を留保するために、親Ａに長女Ｂによる議決権行使について指図権を与えることが考えられる。

このようなスキームの信託を、ＡＢ間の信託契約により設定して、事業承継をおこなう。後日の争いを避けるため、信託契約については、公正証書によって作成することが望ましい。信託契約締結と同時に信託の効力が生じて事業承継をおこなうこともできるし、始期付又は条件付の信託契約を締結し、信託契約で定めた始期（Ａが満70歳など）の到来や条件成就（上述の医師２名以上のＡが後見相当であるとの診断）により、信託の効力が生じるとすることも可能である。もっとも、後者の条件付の場合については、ニーズとしては現在の経営者の判断能力が低下した時を効力発生時としたいというものがあるものの、判断能力の低下について明確に区切ることは難しいことにも留意するべきである。

委託者であるＡの判断能力が低下した後には、ＡによるＢへの監督が十分ではなくなる可能性が高いから、受託者Ｂによる信託事務の遂行を監督するために、子Ｃを信託監督人や受益者代理人とするスキームも考えられる。

(3)遺留分への配慮

本事例において、子Ｃ及びＤは、甲社株式について、持分各６分の１の受益権を有することになるものの、甲社の経営に口出しをすることができず、適切な剰余金の配当（利益配当）を受けることができないとなると、不満がたまることになろう。

また、東京地判平成 30・9・12 金融法務 2104 号 78 頁〔28264792〕が、当該信託契約のうち、経済的利益の分配が想定されない不動産を信託財産とした部分は遺留分制度を潜脱する意図で信託制度を利用したものであって公序良俗に反し無効であるとした（民法 90 条）ことからすると、C及びDに何らの実質的な経済的利益を与えない場合には、信託契約の全部又は一部の無効ということになりかねない。

したがって、信託契約において、C及びDに適切な利益配当をおこなうことを受託者の事務に加えることや、C及びDからBが受益権の有償譲渡を受けるというスキームを作ることも考えられる。

（戸田智彦）

―― 事例36 ――

ペットのための信託

Ⅰ　事　例

A（65歳）は自宅で一人暮らしをしている。Aは猫好きで現在は猫2匹を大切な家族として飼っていて、自分が元気でいる限り、猫を飼い続けたいと考えている。しかし、Aの子Bは、Aが猫好きで猫をかわいがっていることはよく理解しているが、配偶者に猫アレルギーの症状があるため猫をペットとして飼うことが難しい。他方で、Aの猫好き仲間であるC（40歳）は、Aの猫を引き取って育ててもよいと考えているが、C自身も既に猫を飼っているので、飼育する猫の数が増えることによる餌代の負担や、猫が病気になったり怪我をしたりしたときの治療費の負担を気にしている。このような場合の猫の飼育や費用負担について信託の活用方法はどのようなものが考えられるか。

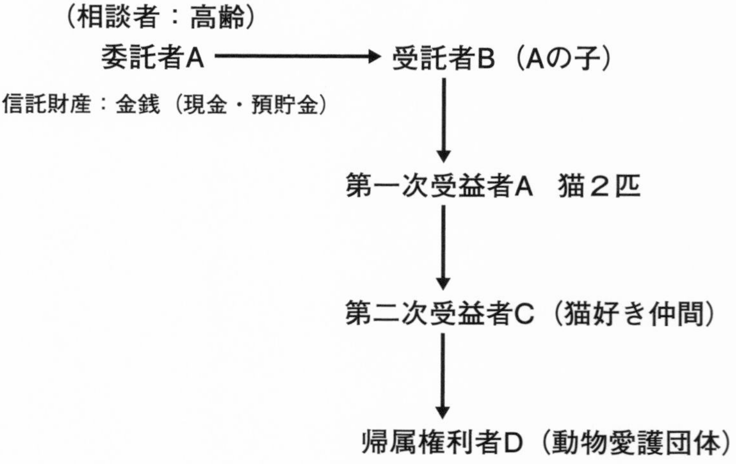

Ⅱ　論　点

1　ペットのための信託活用のスキーム

Ⅲ　解　説

(1)はじめに

高齢で一人暮らしをしているが猫や犬などのペットを自分が元気である限り飼い続けたいと思う人たちは少なくない。しかし、ペットが健やかに生きていくことを考えると、飼い主が高齢で体調を崩してペットを飼い続けることができなくなったり、認知症等によって判断能力が低下し飼い続けることができなくなったりすることへの備えも必要である。そのような備えがあれば、高齢になっても安心してペットを飼い続けることができる。飼い主が高齢でも、その子などがペットを飼い続けることができるのであれば、それで対応することができるであろうが、本事例の猫アレルギーや、仕事上の理由などで、子がペットを飼うことは難しい場合があるし、飼うことが可能であってもペットを飼いたくないという場合もある。

本事例のように、幸いにも、Ａの猫好き仲間Ｃが猫を引き取ってくれるというのであれば、Ｃに猫の飼育を委ねたいところであるが、費用負担のことを考えると、ＡＣ相互に躊躇もありうるところである。そこで、Ａの子Ｂが信託財産として猫の飼育に要する金銭を預かり、費用負担の問題を解消することが考えられる。Ｃとしても、猫の飼育に必要な金銭を確保しつつ、金銭自体を預かってしまうことによる心理的な煩わしさなどから解放される。

なお、信託を用いないでＡの猫の飼育を確保する方法としては、Ａが猫及び猫の養育に必要な資金をＣに負担付遺贈又は負担付死因贈与する方法もある。Ａの生命保険金をもって猫の飼育に充てる資金を確保しようとする場合には、負担付遺贈又は負担付死因贈与の方が簡易な方法といえる。もっとも、負担付遺贈や負担付死因贈与では、信託スキームにおけるＢのように（受託者であるＢがＣによる飼育をチェックする立場になる）、ＣがＡの遺した猫を適切に飼育するかどうかを見守る立場となる者がいなくなることや、Ｃとしては、猫の飼育に費用を費やさないようにする方が、Ｃ自身に金銭が残ることになるという利益相反の要素が生じ、その点は信託と比較してのデメリットとなる。

(2) スキーム例

Ａを委託者兼第一次受益者として、受託者Ｂが信託財産としてＡから託された金銭300万円を現金又は金融機関に開設した信託口口座にて管理し、飼育の必要に応じてＡに給付する。信託目的は、例えば、Ａが現在又は将来飼育する猫の飼育費用を確保し、Ａが飼育していた猫が適切な環境で飼育されるようにするとともに、猫が死亡した後は葬儀・納骨等の死亡後の措置までおこなわれるようにし、猫が愛情をもって育てられ、亡くなるまでの世話をされるようにすることとする。Ａに判断能力があるうちは、猫の飼育のために、必要に応じて、Ａが信託財産として金銭を追加できるようにしておく。

Ａが死亡したときに、Ａから猫の飼育を委ねられたＣが受益権を取得することとして、第二次受益者Ｃに金銭給付をするスキームが考えられる。Ａの飼い猫は遺贈又は死因贈与により所有権をＣに移転する。第二次受益者Ｃへの金銭給付の際には、Ｃが猫を快適に飼育できるようにするために、実質的には謝礼としての金銭をＡ自身が飼育していた場合よりもやや多めの給付をすることも考えられる。Ａの死亡時にＣが受益権を取得すると、信託財産である金銭及び遺贈又は死因贈与を受けた猫について、相続税の課税対象となる（相続税法９条の２）。もっとも、相続税の基礎控除の範囲内であれば、相続税の負担が生じることがない（3,000万円＋600万円×相続人の人数が原則的な計算方法となる。相続税法15条）。

なお、Ａの死亡前でも、Ａが心身の状態からみて猫の飼育をすることができなくなったときにＣが受益者となるとするスキームも考えられるが、Ｃが受益者となった時点でＣに贈与税の負担が生じることを考えると、Ａの死亡までは、受益者ＡのためにＣが猫の飼育をするということでよいと思われる。

(3) 信託終了時

Ａの飼い猫が死亡しその死亡後の措置（葬儀・納骨など）まで終了した時点で信託が終了するものとし、帰属権利者としてＡの知っている動物愛護団体に信託財産中の残った金銭を交付する。ＢやＣを帰属権利者とすることも考えられるが、Ｂが信託財産中の金銭には利害関係を持たない方が猫の飼育をするＡＣのために給付することに専念しやすいし、Ｃとしても金銭的なしがらみがない方がよいであろう。

動物愛護団体を帰属権利者とする場合の受益者Ａ又はＣの税務としては、信託終了時の受益者から動物愛護団体に寄附がなされたものとして所得税の計算をすることになる。帰属権利者である動物愛護団体が公益社団法人や公益財団法人であれば寄附金控除や寄附金の税額控除の対象となりうるし、認定ＮＰＯ法人の場合には寄附金控除の対象となりうる。寄附を受けた法人については収入として法人税課税の対象かを検討することになるが、動物愛護団体が公益法人やＮＰＯ法人である場合には、収益事業には該当しないとして法人税は課されないことになるであろう（伊東大祐＝伊庭潔＝戸田智彦＝菅野真美編著『パッとわかる家族信託コンパクトブック－弁護士のための法務と税務－』第一法規（2018 年）210 頁～ 212 頁）。

（戸田智彦）

事例37

離婚に伴う養育料の一括支払いへの信託活用

Ⅰ　事　例

Ａ女（40歳）は夫Ｃ（60歳）と離婚することとなり、ＡＣ間の子でありＡが今後養育するＢ（３歳）の養育料を支払ってもらうべく交渉している。Ｃには現時点で十分な収入と財産があるものの、高齢でもあるＣが将来にわたって継続して幼い子Ｂの養育料を支払うかどうかについて、Ａは大きな不安を感じている。そこで、養育料を信託財産として一括してＣから支払ってもらい、ＡＢは必要に応じて信託財産から給付を受けて使うことにしたい。このように養育料の一括払いを受けると、贈与税が課税されてしまうのだろうか。

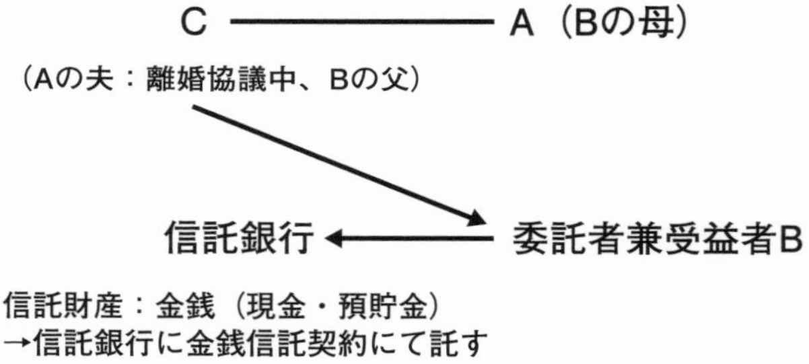

Ⅱ　論　点

1　離婚に伴う養育料の一括払いへの信託活用と贈与税課税

Ⅲ　解　説

（1）はじめに

離婚に伴う子の養育料・養育費の将来的・継続的な支払いについて、子を養育する親が不安を有していることは少なくない。離婚して養育料を支払うことになった者にとっては、子との関係が薄くなり次第に支払いを怠りがちになることが考えられるとともに、支払う気があっても、事業の失敗などで支払う資金がなくなってしまう事態が生じることもある。病気や死亡により支払うことができなくなることもありうる。養育料を支払う側から任意に支払いを受けることができない場合に、養育料を受ける側から履行を確保するために法的措置をとることは、現実的には手間と負担が重いし、養育料を支払う側に支払いの原資がなければ、給付を受けることができない。

そこで、養育料の支払いを受ける側としては、離婚時に一括して養育料を受け取っておき、一括して受けた養育料から継続的に養育に必要な資金を支出していくことを望む場合がある。養育料の一括払いで設定した信託により、継続的な養育料の給付を受けることができることとなる。

また、養育料の一括払いにおいては、支払いを受けた側が一度に多く使ってしまったり、浪費してしまったりすることで、せっかく一括払いを受けた養育料が子のために継続的に使用されないおそれもある。そこで、本事例にあるように、信託を組むことによって、養育する側の親が不必要に使ってしまい養育のための資金が早期になくなってしまうことがないようにするというメリットもある。

養育料の一括払いについては、事例にあるように、贈与税の課税対象になるのではないかという課税上の問題もある。この点については、国税庁が照会に対する回答という形で、以下の（2）で記載した方法であれば、贈与税は課税されないとしている（「離婚に伴い養育料が一括して支払われる場合の贈与税の課税の取扱いについて（昭和57年6月30日）直審5－5」離婚に伴い養育料が一括して支払われる場合の贈与税の課税の取扱について（昭56・5・30付照会に対する回答）（TAINS　S570630直審5－5））。

（2）養育料の信託契約により贈与税課税がなされないようにするスキーム

前記昭和57年6月30日直審5－5では、信託を活用したスキームとして、照会された以下の2つの方法について、支払われる養育料の金額が、その支払いを受ける子の年齢その他一切の事情を考慮して相当な範囲内のものである限り、贈与税は課税されないと回答した。

①養育料を支払う者が当事者間の子が満18歳に達する月までの養育料として400万円の養育料を子名義の銀行預金口座に一括払いし、子を養育する者が、受領後15日以内に、子を委託者兼受益者として、養育料を支払った者を契約解除同意者とする均等割給付金の受給を前提とした金銭信託契約を信託銀行との間で締結して運用する方法（下記図①）

②養育料を支払う者が子を養育する者に対し、子が満18歳に達する月までの間の養育料として400万円を支払うこととし、養育料を支払う者を委託者、子を受益者とし、子を養育する者を契約解除同意権者とする均等割給付金の受給を前提とした金銭信託契約を信託銀行との間で締結し子を養育する者において運用させる方法（下記図②）

前記照会及びそれに対する回答は調停離婚を前提に家庭裁判所での離婚調停における調停条項として定められた場合についてのものであったが、裁判所外での協議離婚においても、同様に、信託を活用し、贈与税は課税されないとされている（「離婚によって財産の分与を受けた場合と養育料の一括受領」（TAINS　相続事例000706））。なお、養育料を信託契約に基づき運用する場合、信託の給付金のうち収益からなる部分については所得税の課税対象になる（同）。

図①

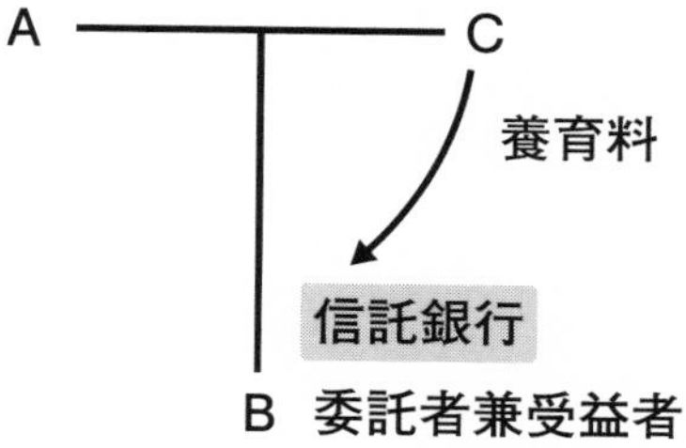

図②

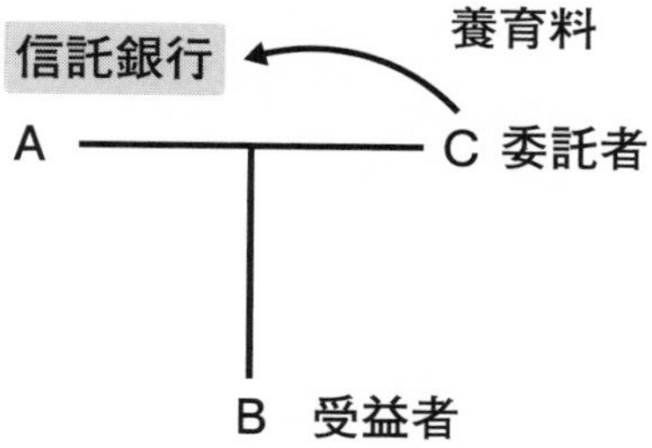

（戸田智彦）

事項索引

（五十音順）

あ　行

か　行

さ　行

た　行

な 行

は 行

ま 行

や 行

ら 行

判例索引

(年月日順)

※判例情報データベース「D1-Law.com判例体系」の判例IDを〔　〕で記載

昭　和

平　成

令　和

関戸《せきと》　勉《つとむ》

関戸法律事務所

【学歴・職歴】

昭和 44 年 3 月　一橋大学法学部卒業
昭和 50 年 3 月　一橋大学大学院法学研究科修士課程修了
昭和 52 年 4 月　東京弁護士会登録（29 期）
平成 10 年 4 月～平成 12 年 3 月　東京弁護士会税務特別委員会委員長
平成 10 年　東京三弁護士会多摩支部法律相談センター運営委員会委員長
平成 16 年度　東京三弁護士会多摩支部支部長
平成 14 年 4 月～平成 18 年 3 月　日本弁護士連合会税務問題に関する検討委員会委員長
平成 14 年 4 月～平成 22 年 4 月　国立市固定資産委員会委員長
平成 19 年 6 月～現在　東京三弁護士会多摩支部相続遺言法研究会（２か月毎開催）
平成 24 年 4 月～平成 31 年 3 月　日本司法支援センター東京事務所副所長兼多摩支部支部長
平成 29 年 6 月～令和 5 年 5 月　日本弁護士連合会税制委員会委員長

【執筆した論文】

「弁護士報酬の計上時期」自由と正義 70 巻 8 号（2019 年）

福澤《ふくざわ》　武文《たけふみ》

弁護士法人福澤法律事務所

【学歴・職歴】

平成 5 年 3 月　早稲田大学法学部卒業
平成 11 年 4 月　東京弁護士会登録（51 期）
平成 16 年 9 月　福澤法律事務所を開設

【委員会・所属学会等】

平成 17 年 4 月～平成 19 年 9 月　東京弁護士会多摩支部広報委員会委員長
平成 19 年 4 月～平成 21 年 3 月　東京弁護士会多摩支部副支部長
平成 21 年 4 月～平成 22 年 3 月　東京弁護士会多摩支部犯罪被害者支援委員会委員長
平成 22 年 4 月～平成 23 年 3 月　東京弁護士会多摩支部副支部長
平成 26 年 4 月～　八王子市人権擁護委員
平成 29 年 12 月～令和 5 年 11 月　東京弁護士会綱紀委員
令和 4 年 4 月～令和 5 年 3 月　東京弁護士会多摩支部支部長
令和 5 年 6 月～　八王子市社会福祉協議会理事

戸《と》田《だ》　智彦《ともひこ》

立川北法律事務所

【学歴・職歴】

平成６年３月　早稲田大学法学部卒業

平成８年４月～平成13年１月まで　三鷹市役所勤務

平成12年11月　司法試験合格

平成14年10月　司法修習終了

平成14年10月　東京弁護士会登録（55期）
阿部・松留法律事務所入所（現　和田・渡辺法律事務所）

平成19年５月　米国アメリカン大学ワシントン・カレッジ・オブ・ロー卒業（ＬＬ．Ｍ.）

平成19年８月～平成19年10月　Beirne, Maynard & Parsons, L.L.P.（米国テキサス州ヒューストン）にて研修

平成25年６月　立川北法律事務所に移籍（パートナー）

【委員会・所属学会等】

日本弁護士連合会税制委員会委員（現職）

日本弁護士連合会信託センター委員（現職、平成29年６月～平成31年５月副センター長）

東京弁護士会税務特別委員会委員（現職、平成28年４月～平成30年３月委員長）

東京弁護士会多摩支部副支部長（平成30年４月～令和２年３月）

東京三弁護士会多摩支部倒産法委員会委員（現職）

東京三弁護士会多摩支部相続遺言法研究会部会長（現職）

平成25年４月～平成28年３月　八王子簡易裁判所調停委員

【主要著作】

戸田智彦＝館彰男＝宮武洋吉＝坂田真吾＝後藤隆士『～税務もふまえたアドバイスができる～相続法改正後の弁護士実務』第一法規（2020年）共著

伊東大佑＝伊庭潔＝戸田智彦＝菅野真美編著パッとわかる家族信託コンパクトブック　弁護士のための法務と税務』第一法規（2018年）共著

三木義一監修・山田泰弘＝安井栄二編『新 実務家のための税務相談（会社法編）』有斐閣（2017年）共著

三木義一監修・本山敦＝伊川正樹編『新 実務家のための税務相談（民法編）』有斐閣（2017年）共著

藤曲武美監修・館彰男＝原口昌之＝戸田智彦『法律実務家のための親族・相続・渉外家事の税務』日本加除出版（2013年）共著

NPO法人遺言・相続リーガルネットワーク編『実例にみる信託の法務・税務と契約書式』日本加除出版（2011年）共著

「弁護士業務と税務手続（調査から訴訟まで）」自由と正義70巻８号（2019年）

「福祉分野における信託活用のための信託税制の在り方について」自由と正義66巻８号（2015年）

露木《つゆき》　肇子《はつこ》

多摩総合法律事務所

【学歴・職歴】

昭和54年3月　早稲田大学法学部卒業
昭和59年4月　東京弁護士会登録（36期）
平成6年12月～平成7年3月　八王子市個人情報保護懇談会委員
平成10年4月～令和2年3月　日野市情報公開・個人情報保護審査会委員
平成10年10月～現在　東京家庭裁判所八王子支部（現立川支部）調停委員
平成12年10月～平成16年9月　府中市オンブズパーソン
平成16年4月～現在　八王子市ＤＶ被害者支援連絡協議会委員
平成22年6月～令和4年6月　小金井市監査委員
平成26年4月　東京三弁護士会多摩支部支部長

【著　書】

本田りえ＝露木肇子＝熊谷早智子『「モラル・ハラスメント」のすべて夫の支配から逃れるための実践ガイド』講談社（2013年）共著
杉井静子＝栗山れい子＝露木肇子＝真野文恵＝増田賢＝鳥生尚美編著『ドキュメント離婚事件－12の困難事件から調停・裁判実務を学ぶ－』新日本法規出版（2016年）共著

小川《おがわ》　典子《のりこ》

真和総合法律事務所パートナー

【学歴・職歴】

昭和 63 年 3 月　一橋大学法学部卒業
平成 13 年 10 月　弁護士登録（54 期）

【委員会等】

第二東京弁護士会高齢者障害者財産管理センター運営委員副委員長
第二東京弁護士会高齢者・障がい者総合支援センター運営委員会副委員長
関東弁護士連合会高齢者・障がい者に関する委員会委員長
東京簡易裁判所司法委員
地方自治体のオンブズパーソン、審査会委員など歴任
東京家庭裁判所家事調停委員（平成 20 年 4 月～）

【著書（共著）】

真和総合法律事務所編『シニアをめぐるビジネスの実際と法律問題－超高齢社会における住まい・介護・契約・高齢者雇用を中心に』民事法研究会（2014 年）
第二東京弁護士会高齢者・障がい者支援センター運営委員会編集『高齢者の財産管理モデル契約書式集－ホームロイヤー契約・家族信託・死後事務委任等－』新日本法規出版（2018 年）

一藤《いちふじ》　剛志《つよし》

弁護士法人ＴＮＬＡＷ支所立川ニアレスト法律事務所

【学歴・職歴】

平成13年3月　東京大学法学部卒業
平成15年10月　司法試験合格
平成17年10月　東京弁護士会登録（58期）
　　森・濱田松本法律事務所　入所
平成18年11月　日本司法支援センター常勤弁護士
　　法テラス倉吉法律事務所　配属
平成23年11月　立川ニアレスト法律事務所　設立

【委員会・所属学会等】

東京三弁護士会多摩支部　中小企業支援プロジェクトチーム
同　ＩＴ化ワーキンググループ
同　広報委員会
鳥取家庭裁判所倉吉支部　家事調停委員（平成20年4月～平成22年3月）

【主要著作】

「市民と司法の架け橋を目指して」法学セミナー53巻10号（2008年）131頁
「連載 スタッフ弁護士草創記～道しるべになりたくて～」自由と正義59巻4号（2008年）134頁

菅原《すがはら》　英未《えみ》

弁護士法人福澤法律事務所

【学歴・職歴】

平成 15 年　中央大学法学部卒業
平成 20 年　横浜国立大学ロースクール卒業
平成 24 年　東京弁護士会登録（65 期）

【委員会・所属学会等】

東京三弁護士会多摩支部性の平等に関する委員会

サービス・インフォメーション

通話無料

①商品に関するご照会・お申込みのご依頼
TEL 0120 (203) 694／FAX 0120 (302) 640

②ご住所・ご名義等各種変更のご連絡
TEL 0120 (203) 696／FAX 0120 (202) 974

③請求・お支払いに関するご照会・ご要望
TEL 0120 (203) 695／FAX 0120 (202) 973

●フリーダイヤル（TEL）の受付時間は、土・日・祝日を除く
9:00～17:30です。

●FAXは24時間受け付けておりますので、あわせてご利用ください。

相続・遺言を巡る法律問題
弁護士が知識と経験で解決した困難事例

2020年11月30日　初版発行
2023年12月5日　初版第2刷発行

編　著　関　戸　勉
福　澤　武　文
戸　田　智　彦

発行者　田　中　英　弥

発行所　第一法規株式会社
〒107-8560　東京都港区南青山2-11-17
ホームページ　https://www.daiichihoki.co.jp/

装丁・DTP　Isshiki（霜崎綾子、柴田琴音、青木奈美）

相続遺言事例　ISBN 978-4-474-07214-5　C3032 (0)